Die Macht der Resilienz

7 Säulen für mehr Lebensfreude und ein erfülltes Leben

von Markus Huderer

1. Auflage

Inhalt

Vorwort: Meine Reise zur Resilienz

Wenn ich auf mein Leben zurückblicke, gibt es einen roten Faden, der sich durch alle Herausforderungen, Erfolge und auch Rückschläge zieht: Resilienz. Diese innere Stärke, die uns Menschen befähigt, auch in schwierigen Zeiten nicht nur zu bestehen, sondern daran zu wachsen. Als ich das Konzept der Resilienz zum ersten Mal bewusst wahrnahm, wusste ich, dass es etwas ist, das mich bereits mein ganzes Leben begleitet hat, ohne dass ich es immer klar benennen konnte. Ich heiße Markus Huderer, habe einen Master in Gesundheitsmanagement und arbeite seit über 13 Jahren in der Fitnessbranche. Fitness ist nicht nur mein Beruf, sondern meine Leidenschaft. Ich trainiere seit Jahren regelmäßig im Studio, habe unzählige Menschen als Personal Trainer und Coach begleitet und dabei viel über die körperlichen und mentalen Aspekte von Gesundheit gelernt. Doch eines habe ich in all den Jahren besonders deutlich erfahren: Wahre Stärke kommt von innen. Die Welt, in der wir leben, wird immer komplexer und schneller. Wir sind permanenten Belastungen ausgesetzt – beruflich, privat und gesellschaftlich. Doch inmitten all dieses Stresses habe ich immer wieder erlebt, dass es nicht die äußeren Umstände sind, die über unser Wohlbefinden und unsere Lebensfreude entscheiden. Es ist die Art und Weise, wie wir mit diesen Herausforderungen umgehen. Genau hier setzt Resilienz an. Für mich persönlich war der

Weg zur Resilienz kein linearer. Es gab Zeiten, in denen ich mich selbst verloren habe, in denen ich den Sinn hinter den täglichen Aufgaben infrage stellte oder mich von Rückschlägen überwältigt fühlte. Doch gerade in diesen Momenten habe ich gelernt, dass Resilienz nicht bedeutet, niemals zu fallen – sondern immer wieder aufzustehen. Die Fitnessbranche hat mir dabei geholfen, nicht nur körperliche Stärke zu entwickeln, sondern auch die mentale Widerstandsfähigkeit, die mich heute zu dem Menschen macht, der ich bin: ein glücklicher, ausgeglichener Mensch mit einer tiefen Liebe für das Leben und meine Arbeit.

Dieses Buch ist das Resultat meiner eigenen Reise. Eine Reise voller Höhen und Tiefen, die mich gelehrt hat, dass Resilienz der Schlüssel zu einem erfüllten Leben ist. Die sieben Säulen der Resilienz, die ich in diesem Buch vorstelle, sind dabei nicht nur theoretische Konzepte. Es sind Prinzipien, die ich selbst gelebt habe – und die ich in meiner Arbeit mit anderen Menschen immer wieder beobachten durfte. Sie sind universell und doch individuell anwendbar, weil jeder Mensch seine eigene Definition von Resilienz und Lebensfreude hat. Mein Ziel mit diesem Buch ist es, dir zu zeigen, dass auch du die Kraft der Resilienz in dir tragen kannst. Dass es möglich ist, trotz Rückschlägen und Herausforderungen ein Leben voller Freude, Sinn und Erfüllung zu führen. Du wirst lernen, wie du dich selbst besser verstehst, deine Stärken ausbaust und dich von äußeren Umständen weniger beeinflussen lässt. Es ist nie zu spät, den ersten Schritt zu machen.

Ich lade dich herzlich ein, mit mir gemeinsam auf diese Reise zu gehen. Resilienz ist nicht nur eine Fähigkeit, die du lernen kannst – sie ist eine Lebenshaltung, die dir Türen zu einem erfüllteren und glücklicheren Leben öffnet. Bist du bereit?

Markus Huderer

Die Grundlagen der Resilienz

Resilienz ist ein Begriff, der in den letzten Jahren immer mehr an Bedeutung gewonnen hat. Doch was genau steckt hinter diesem Wort? Häufig wird Resilienz als die Fähigkeit beschrieben, schwierige Lebenssituationen, Rückschläge und Krisen zu bewältigen und gestärkt daraus hervorzugehen. Es ist die mentale und emotionale Widerstandskraft, die es uns ermöglicht, auch in stürmischen Zeiten standhaft zu bleiben und nicht den Mut zu verlieren. Resilienz ist jedoch weit mehr als nur das bloße Überleben von Widrigkeiten. Sie ist die Fähigkeit, aus Herausforderungen zu lernen und an ihnen zu wachsen. Resiliente Menschen entwickeln eine Art "psychisches Immunsystem", das sie davor schützt, in schwierigen Zeiten in negative Spiralen abzurutschen. Sie bleiben handlungsfähig, selbst wenn das Leben sie herausfordert. Doch Resilienz ist nicht angeboren. Sie ist nicht etwas, das man entweder hat oder nicht hat. Vielmehr ist sie ein Prozess, eine Fähigkeit, die jeder von uns entwickeln und stärken kann. Und genau das ist die gute Nachricht: Jeder Mensch hat das Potenzial, resilient zu sein – unabhängig von Alter, Herkunft oder bisherigen Erfahrungen. Es geht darum, die richtigen Werkzeuge und Strategien zu kennen und bewusst einzusetzen. In diesem Kapitel werden wir die Grundlagen der Resilienz erkunden. Wir werden uns mit der Frage beschäftigen, was Resilienz überhaupt ist, welche Faktoren sie beeinflussen und warum sie so entscheidend für ein glückliches, erfülltes Leben ist. Außerdem werfen wir einen Blick auf die wissenschaftlichen Erkenntnisse, die zeigen, wie Resilienz funktioniert und was sie in unserem Gehirn und Körper bewirkt. Dieses Kapitel legt den Grundstein für dein Verständnis der Resilienz, bevor wir in den folgenden Kapiteln tiefer in die 7 Säulen eintauchen, die dir dabei helfen werden, deine eigene Resilienz zu entwickeln und zu stärken. Sei bereit, deine Sicht auf Krisen und Herausforderungen zu verändern und zu erkennen, dass jede schwierige Situation auch eine Chance sein kann – eine Chance, innerlich zu wachsen und stärker als je zuvor aus ihr hervorzugehen.

Was ist Resilienz?

Resilienz ist eines dieser Schlagworte, die wir immer häufiger hören, sei es in der Psychologie, in der Selbsthilfe oder im beruflichen Kontext. Aber was genau bedeutet Resilienz? Und warum ist sie so wichtig für unser Wohlbefinden und unsere Lebensfreude?

Der Begriff "Resilienz" stammt ursprünglich aus der Physik und beschreibt die Fähigkeit eines Materials, nach einer Verformung wieder in seinen ursprünglichen Zustand zurückzukehren. Übertragen auf den Menschen bedeutet das: Resilienz ist unsere Fähigkeit, trotz Widrigkeiten und Rückschlägen wieder aufzustehen, uns anzupassen und uns nicht entmutigen zu lassen. Es ist die Fähigkeit, Krisen zu bewältigen, ohne daran zu zerbrechen – und oft sogar gestärkt daraus hervorzugehen.

Resilienz ist mehr als bloße Stressbewältigung

Häufig wird Resilienz mit Stressbewältigung gleichgesetzt. Doch sie ist mehr als das. Resilienz geht tiefer: Es ist nicht nur die Fähigkeit, akuten Stress zu überstehen, sondern auch, langfristig stabil zu bleiben. Resilienz hilft uns, nicht nur mit Krisen umzugehen, sondern uns weiterzuentwickeln und an den Herausforderungen des Lebens zu wachsen. Resiliente Menschen zeichnen sich durch eine positive Grundhaltung aus, die ihnen ermöglicht, auch in schwierigen Zeiten Hoffnung und Zuversicht zu bewahren.

Dabei ist Resilienz keine starre Eigenschaft, die wir entweder haben oder nicht haben. Sie ist vielmehr ein dynamischer Prozess. Jeder von uns kann Resilienz entwickeln und stärken – unabhängig von seiner bisherigen Lebenserfahrung. Menschen sind nicht "resilient geboren", sondern sie lernen es, je nach ihren Lebensumständen und der Art und Weise, wie sie mit Herausforderungen umgehen.

Resilienz ist individuell

Jeder Mensch erlebt Resilienz anders. Was für die eine Person eine unüberwindbare Hürde darstellt, kann für eine andere lediglich eine kleine Herausforderung sein. Das liegt daran, dass Resilienz stark mit unserer Persönlichkeit, unseren Erfahrungen und unserer Umwelt zusammenhängt. Einige Menschen haben bereits in jungen Jahren gelernt, mit Schwierigkeiten umzugehen und Strategien zu entwickeln, die ihnen helfen, resilient zu bleiben. Andere entdecken ihre Resilienz erst später im Leben, oft durch schmerzhafte oder herausfordernde Erfahrungen.

Wichtig ist: Resilienz bedeutet nicht, dass man keine Probleme hat oder keine schwierigen Emotionen verspürt. Resiliente Menschen erleben genauso Stress, Trauer oder

Angst wie alle anderen. Der Unterschied liegt darin, wie sie damit umgehen. Sie sind in der Lage, ihre Emotionen zu regulieren, Lösungen zu finden und sich an veränderte Umstände anzupassen. Sie sehen Rückschläge nicht als persönliches Scheitern, sondern als eine Gelegenheit, etwas über sich selbst zu lernen und sich weiterzuentwickeln.

Die Bausteine der Resilienz

Resilienz setzt sich aus verschiedenen Faktoren zusammen, die miteinander interagieren und uns in der Summe widerstandsfähiger machen. Einige dieser Faktoren sind angeboren, andere werden durch unsere Umwelt geprägt. Hier sind einige der zentralen Bausteine der Resilienz:

- **Selbstwahrnehmung**: Resiliente Menschen haben ein klares Bewusstsein für ihre Stärken und Schwächen. Sie kennen ihre Grenzen und wissen, wann sie Unterstützung brauchen.

- **Selbstregulation**: Die Fähigkeit, eigene Emotionen zu steuern, ist ein zentraler Faktor der Resilienz. Resiliente Menschen sind in der Lage, negative Gefühle zu akzeptieren, ohne sich von ihnen überwältigen zu lassen.

- **Optimismus**: Eine positive Grundeinstellung hilft dabei, auch in schwierigen Situationen das Gute zu sehen und nach vorne zu schauen.

- **Lösungsorientierung**: Resiliente Menschen sind proaktiv und suchen nach Lösungen, anstatt sich auf Probleme zu fixieren.
- **Soziale Unterstützung**: Das Gefühl, nicht allein zu sein, ist ein entscheidender Faktor für Resilienz. Ein starkes soziales Netzwerk gibt Halt und Sicherheit.
- **Zukunftsorientierung**: Resiliente Menschen sind in der Lage, langfristig zu denken und sich auf ihre Ziele zu konzentrieren, auch wenn sie im Moment mit Schwierigkeiten kämpfen.

Diese und weitere Elemente werden wir im Verlauf dieses Buches noch näher beleuchten, denn sie bilden die Grundlage für die 7 Säulen der Resilienz, die wir später im Detail besprechen werden.

Warum Resilienz wichtig ist

Resilienz ist nicht nur wichtig, um Krisen zu bewältigen – sie ist auch der Schlüssel zu einem glücklichen und erfüllten Leben. Denn wer resilient ist, fühlt sich weniger von äußeren Umständen abhängig und erlebt weniger Stress. Resiliente Menschen sind flexibler, kreativer und sehen in Herausforderungen Chancen zur persönlichen Weiterentwicklung. Sie haben eine tiefere Verbindung zu sich selbst und sind in der Lage, auch in schwierigen Zeiten Freude und Erfüllung zu finden.

Doch die Frage bleibt: Wie entwickelt man Resilienz? Wie kann man seine mentale Widerstandsfähigkeit gezielt aufbauen? Genau darum wird es in den folgenden Kapiteln gehen. Du wirst lernen, wie du deine innere Stärke entdeckst und ausbaust, um nicht nur Krisen zu bewältigen, sondern auch deine Lebensfreude zu steigern.

Denn am Ende geht es bei Resilienz um mehr als nur das Überleben. Es geht darum, das Leben in all seinen Facetten zu umarmen und daran zu wachsen – egal, was auf uns zukommt.

Die Wissenschaft hinter der Resilienz

Resilienz ist ein faszinierendes Konzept, das seit vielen Jahren im Mittelpunkt wissenschaftlicher Untersuchungen steht. Psychologen, Neurowissenschaftler und Forscher verschiedenster Disziplinen haben versucht zu verstehen, was genau uns widerstandsfähig macht und welche biologischen, psychologischen und sozialen Mechanismen daran beteiligt sind. Es zeigt sich, dass Resilienz nicht nur eine mentale oder emotionale Fähigkeit ist, sondern tief in unserem Gehirn und Körper verwurzelt ist. Doch wie funktioniert das genau?

Das Gehirn und Resilienz: Die Rolle der Neuroplastizität

Ein zentrales Konzept in der Forschung zur Resilienz ist die Neuroplastizität – die Fähigkeit unseres Gehirns, sich ständig zu verändern und neu zu strukturieren. Unser Gehirn ist formbar und passt sich laufend an die Umstände und Erfahrungen an, die wir machen. Diese Fähigkeit ermöglicht es uns, neue Verhaltensweisen zu erlernen, auf veränderte Situationen zu reagieren und uns nach Rückschlägen zu erholen.

Wenn wir mit Stress oder einer Krise konfrontiert sind, aktivieren sich bestimmte Bereiche im Gehirn, darunter die Amygdala, die für die Verarbeitung von Emotionen zuständig ist, und der präfrontale Kortex, der uns hilft, rationale Entscheidungen zu treffen. Resiliente Menschen sind in der Lage, diese Gehirnstrukturen effizient zu nutzen, um negative Emotionen zu regulieren und problemorientierte Entscheidungen zu treffen.

Studien haben gezeigt, dass regelmäßige Achtsamkeitspraxis oder Meditation die Neuroplastizität fördern und die Funktionsweise des Gehirns positiv beeinflussen kann. Diese Techniken stärken den präfrontalen Kortex und helfen, die Aktivität in der Amygdala zu reduzieren, was zu einem verbesserten Umgang mit Stress führt.

Resilienz und Stress: Die Rolle des autonomen Nervensystems

Wenn wir über Resilienz sprechen, geht es oft darum, wie gut wir auf Stress reagieren. Das autonome Nervensystem, insbesondere die sogenannte "Kampf-oder-Flucht"-Reaktion, spielt dabei eine zentrale Rolle. In stressigen Situationen sendet unser Gehirn Signale an den Körper, die die Freisetzung von Stresshormonen wie Adrenalin und Cortisol auslösen. Diese Hormone bereiten uns darauf vor, schnell zu handeln, um uns zu schützen. Bei chronischem Stress kann jedoch eine Überproduktion dieser Hormone stattfinden, was zu negativen Auswirkungen auf unsere körperliche und geistige Gesundheit führt. Resiliente Menschen haben gelernt, diese Stressreaktionen zu kontrollieren. Sie können die akute "Kampf-oder-Flucht"-Reaktion schnell beenden und in einen Zustand der Ruhe und Erholung zurückkehren. Dies geschieht durch die Aktivierung des parasympathischen Nervensystems, das für Entspannung und Erholung sorgt.

Die Rolle der Gene und Epigenetik

Ein weiterer spannender Aspekt der Resilienzforschung betrifft unsere Gene. Studien zeigen, dass bestimmte genetische Veranlagungen einen Einfluss darauf haben können, wie widerstandsfähig wir gegenüber Stress und Trauma sind. Es gibt genetische Varianten, die Menschen resilienter machen, indem sie z. B. die Regulation von Stresshormonen beeinflussen. Allerdings bedeutet das nicht, dass Resilienz ausschließlich von unseren Genen abhängt. Die Epigenetik – also die Art und Weise, wie unsere Gene durch Umwelteinflüsse an- oder ausgeschaltet werden – spielt ebenfalls eine große Rolle. Unsere Umgebung, unsere Erziehung und die Erfahrungen, die wir im Laufe unseres Lebens machen, haben einen erheblichen Einfluss darauf, wie unsere Gene aktiviert werden. Das bedeutet, dass selbst wenn jemand genetisch anfälliger für Stress sein sollte, er durch die richtigen Umstände und Verhaltensweisen dennoch resiliente Fähigkeiten entwickeln kann.

Psychologische Mechanismen der Resilienz

Neben den biologischen Faktoren gibt es auch eine Vielzahl psychologischer Mechanismen, die Resilienz unterstützen. Hierzu zählen insbesondere unsere Denk- und Verhaltensmuster, die maßgeblich bestimmen, wie wir auf Herausforderungen reagieren. Die psychologische Resilienzforschung hat gezeigt, dass Menschen, die folgende Merkmale besitzen oder entwickeln, widerstandsfähiger sind:

- **Optimismus**: Menschen, die positiv in die Zukunft blicken und an ihre Fähigkeit glauben, Herausforderungen zu meistern, sind resilienter. Optimismus wirkt wie ein Schutzschild gegen die negativen Auswirkungen von Stress.

- **Kognitive Flexibilität**: Resiliente Menschen sind in der Lage, ihre Denkweise anzupassen, wenn sich die Umstände ändern. Sie können flexibel auf neue Situationen reagieren und entwickeln kreative Lösungen für Probleme.

- **Lösungsorientierung**: Anstatt sich auf das Problem zu konzentrieren, richten resiliente Menschen ihren Fokus auf mögliche Lösungen. Diese proaktive Haltung hilft ihnen, Herausforderungen zu bewältigen und sich schnell zu erholen.

- **Emotionale Intelligenz**: Menschen mit hoher emotionaler Intelligenz sind in der Lage, ihre eigenen Emotionen zu erkennen, zu verstehen und zu regulieren. Gleichzeitig haben sie die Fähigkeit, die Emotionen anderer zu berücksichtigen und dadurch stabile und unterstützende Beziehungen aufzubauen.

Die Rolle von sozialen Netzwerken

Ein weiteres entscheidendes Element der Resilienz ist die soziale Unterstützung. Zahlreiche Studien haben gezeigt, dass Menschen, die auf ein starkes soziales Netzwerk zurückgreifen können, widerstandsfähiger gegenüber Stress und Krisen sind. Der Austausch mit anderen Menschen – sei es mit Freunden, der Familie oder Kollegen – gibt uns das Gefühl, nicht allein zu sein. Diese emotionale Unterstützung kann dazu beitragen, dass wir besser mit Belastungen umgehen und schneller wieder auf die Beine kommen. Interessanterweise ist es nicht nur die bloße Anzahl an sozialen Kontakten, die wichtig ist, sondern die Qualität dieser Beziehungen. Menschen, die authentische und tiefgehende Beziehungen pflegen, erleben eine größere emotionale Stabilität und Unterstützung in Krisenzeiten.

Resilienz im Lebensverlauf

Resilienz entwickelt sich im Laufe unseres Lebens und wird von verschiedenen Faktoren beeinflusst. Kinder, die in stabilen, unterstützenden Umgebungen aufwachsen, neigen dazu, resilienter zu sein. Doch auch im Erwachsenenalter und selbst im Alter kann Resilienz weiter gestärkt werden. Besonders prägend sind dabei kritische Lebensereignisse. Diese Ereignisse zwingen uns, über uns hinauszuwachsen und neue Fähigkeiten zu entwickeln. Sie zeigen uns, dass wir auch dann überleben und weiterleben können, wenn das Leben uns harte Prüfungen auferlegt. Es ist dabei nicht die Krise selbst, die uns resilient macht, sondern die Art und Weise, wie wir auf diese Krisen reagieren und welche Lehren wir daraus ziehen.

Die Wissenschaft hinter der Resilienz zeigt, dass es sich um ein komplexes Zusammenspiel von biologischen, psychologischen und sozialen Faktoren handelt. Resilienz ist nicht nur eine Fähigkeit des Geistes, sondern tief in unseren biologischen Prozessen verwurzelt. Sie kann genetisch beeinflusst sein, aber vor allem durch unsere Lebensweise und unser Umfeld gestärkt werden. Indem wir unsere Denk- und Verhaltensmuster verändern, unsere sozialen Netzwerke pflegen und Techniken wie Achtsamkeit oder Stressmanagement erlernen, können wir unsere eigene Resilienz gezielt aufbauen und stärken. Und genau darum geht es in den folgenden Kapiteln: Wie du deine Widerstandskraft Schritt für Schritt entwickeln kannst, um in allen Lebensbereichen gestärkt und erfüllt zu leben.

Warum Resilienz heutzutage wichtiger denn je ist

In einer Welt, die sich schneller verändert als je zuvor, ist Resilienz zu einer der wichtigsten Fähigkeiten geworden, um ein gesundes und erfülltes Leben zu führen. Wir leben in einer Zeit, in der die Anforderungen stetig wachsen – sowohl im beruflichen als auch im privaten Bereich. Technologie, Globalisierung und gesellschaftliche Umbrüche haben die Art und Weise, wie wir arbeiten, kommunizieren und leben, tiefgreifend verändert. Mit diesen Entwicklungen gehen auch Unsicherheiten und Belastungen einher, die unsere mentale und emotionale Stabilität auf die Probe stellen. Der ständige Druck, erreichbar zu sein, in Echtzeit auf Veränderungen zu reagieren und hohe Leistungen zu erbringen, hat für viele Menschen ein Leben geschaffen, das von Stress und Hektik geprägt ist. Die traditionellen Grenzen zwischen Arbeit und Freizeit verschwimmen zusehends, was es schwierig macht, sich wirklich zu erholen. Viele Menschen fühlen sich überfordert und ausgebrannt, weil sie ständig versuchen, mit der Geschwindigkeit der modernen Welt Schritt zu halten. In einer solch schnelllebigen und anspruchsvollen Umgebung braucht es mehr als nur fachliche Kompetenzen oder Wissen, um erfolgreich und glücklich zu sein – es braucht Resilienz. Resilienz bedeutet, innere Stärke zu entwickeln und auch in Zeiten von Unsicherheit, Krisen oder Rückschlägen stabil zu bleiben. Heutzutage sind wir immer häufiger mit Situationen konfrontiert, die uns aus der Bahn werfen können: Sei es die Angst um den Arbeitsplatz, der Druck durch soziale Medien oder die Auswirkungen globaler Krisen wie Pandemien, Wirtschaftskrisen oder Klimawandel. Diese Herausforderungen bringen nicht nur kurzfristigen Stress mit sich, sondern können auch zu chronischer Belastung führen, wenn wir ihnen nicht mit der notwendigen mentalen Widerstandskraft begegnen.

Ein weiterer Grund, warum Resilienz in der heutigen Zeit so wichtig ist, liegt in der ständigen Veränderung. Früher war es üblich, dass Menschen jahrzehntelang in einem Beruf arbeiteten und ein stabiles, vorhersehbares Leben führten. Heute hingegen wechseln viele Menschen mehrfach ihren Beruf, ziehen in verschiedene Städte oder Länder und müssen sich immer wieder an neue Umstände anpassen. Diese Anpassungsfähigkeit erfordert nicht nur Flexibilität, sondern auch die innere Stärke, Veränderungen als Chance zu sehen, anstatt sich von ihnen überwältigen zu lassen. Ein zentraler Aspekt der modernen Welt ist zudem die ständige Vernetzung. Soziale Medien, Nachrichten und digitale Kommunikation haben unsere Wahrnehmung von Ereignissen und unser Selbstbild verändert. Der ständige Vergleich mit anderen und die allgegenwärtigen Informationen können dazu führen, dass wir uns unsicher oder unzulänglich fühlen. Auch hier zeigt sich, wie entscheidend Resilienz ist: Sie hilft uns, uns von äußeren Einflüssen weniger beeinträchtigen zu lassen und ein starkes, stabiles Selbstbewusstsein zu entwickeln. Resilienz ist heute nicht nur für den Einzelnen von Bedeutung, sondern auch auf gesellschaftlicher Ebene. Wir leben in einer globalisierten Welt, in der Krisen und Herausforderungen oft weitreichende Auswirkungen haben. Ob es sich um wirtschaftliche Krisen, Umweltkatastrophen oder politische Umbrüche handelt – die Fähigkeit, sich als Gesellschaft an veränderte Bedingungen anzupassen und gemeinsam Lösungen zu finden, hängt stark davon ab, wie resilient wir als Gemeinschaft sind. Die Entwicklung von Resilienz ist somit nicht nur ein persönliches Anliegen, sondern eine gesellschaftliche Notwendigkeit. Doch auch im zwischenmenschlichen Bereich wird Resilienz immer wichtiger. Beziehungen stehen heute unter neuen Herausforderungen. Die Schnelllebigkeit des Alltags, die zunehmende Individualisierung und die veränderten Erwartungen an Partnerschaften und Freundschaften stellen uns vor neue Hürden. Resiliente Menschen sind in der Lage, stabile und unterstützende Beziehungen aufzubauen und zu pflegen, auch wenn Konflikte oder Belastungen auftreten. Sie schaffen es, trotz Herausforderungen in ihren Beziehungen Vertrauen und Nähe zu bewahren.

In einer Zeit, in der uns äußere Stabilität oft entzogen wird, sei es durch wirtschaftliche Unsicherheit, technische Umbrüche oder gesellschaftliche Veränderungen, ist es umso wichtiger, dass wir innere Stabilität entwickeln. Resilienz gibt uns die Möglichkeit, unsere eigene Stärke zu erkennen und zu nutzen, um nicht nur in Krisen zu bestehen, sondern auch langfristig ein zufriedenes und erfülltes Leben zu führen.

Schließlich geht es bei Resilienz nicht nur darum, Krisen zu überstehen. Es geht darum, an diesen Herausforderungen zu wachsen und sich weiterzuentwickeln. Wer resilient ist, sieht in jeder Schwierigkeit eine Möglichkeit, etwas über sich selbst zu lernen und neue Fähigkeiten zu entwickeln. Resilienz befähigt uns, das Leben in seiner ganzen Fülle zu erfahren – mit all seinen Höhen und Tiefen. In einer Welt, die sich ständig wandelt, ist Resilienz nicht länger eine Option, sondern eine Notwendigkeit. Sie ist die Fähigkeit, die uns hilft, nicht nur zu überleben, sondern zu gedeihen – egal, welche Herausforderungen auf uns zukommen. Resilienz ist der Schlüssel zu einem erfüllten, stabilen und zufriedenen Leben, gerade in einer Zeit, die von Unsicherheit und Veränderung geprägt ist.

Die 7 Säulen der Resilienz

Resilienz ist die Fähigkeit, in schwierigen Zeiten nicht nur standhaft zu bleiben, sondern gestärkt aus ihnen hervorzugehen. Doch was macht uns eigentlich widerstandsfähig? Welche Fähigkeiten, Eigenschaften und Verhaltensweisen tragen dazu bei, dass wir mit Herausforderungen erfolgreich umgehen können? Um diese Fragen zu beantworten, können wir uns auf sieben wesentliche Bereiche konzentrieren, die gemeinsam die Grundlage für unsere Resilienz bilden – die sogenannten "7 Säulen der Resilienz". Diese Säulen sind nicht voneinander losgelöst, sondern stehen in enger Wechselwirkung. Sie greifen ineinander und bilden ein stabiles Fundament, das uns in allen Lebensbereichen trägt. Einige dieser Säulen hast du vielleicht bereits entwickelt, während andere noch verstärkt werden können. Das Schöne daran ist, dass jede einzelne dieser Säulen gezielt trainiert werden kann. Sie ermöglichen es dir, nicht nur kurzfristigen Stress zu bewältigen, sondern auch langfristige innere Stärke und Stabilität aufzubauen. In diesem Kapitel werden wir die 7 Säulen der Resilienz im Detail erkunden. Du wirst erfahren, wie jede dieser Säulen dich unterstützt, ein erfülltes und glückliches Leben zu führen, unabhängig davon, welche Herausforderungen das Leben dir stellt. Jede Säule wird dir helfen, die Kraft und

Klarheit zu entwickeln, die du brauchst, um in einer sich ständig verändernden Welt sicher und zuversichtlich voranzugehen. Diese sieben Bereiche sind der Schlüssel zu deiner Widerstandsfähigkeit – und damit auch zu deiner Lebensfreude.

Selbstwahrnehmung – Die Basis für innere Stärke

Selbstwahrnehmung ist der Grundstein der Resilienz und eine der wichtigsten Fähigkeiten, um innere Stärke zu entwickeln. Ohne ein klares Bewusstsein für uns selbst – unsere Gedanken, Gefühle, Verhaltensweisen und Reaktionen – können wir nicht effektiv auf die Herausforderungen reagieren, die das Leben uns stellt. Selbstwahrnehmung bedeutet, sich selbst zu verstehen und die eigene Innenwelt mit Klarheit zu betrachten. Sie ist die Fähigkeit, unsere Stärken und Schwächen zu erkennen und uns unserer Bedürfnisse und Werte bewusst zu werden.

Der erste Schritt zu einer starken Resilienz ist es, sich mit sich selbst auseinanderzusetzen und ehrlich hinzuschauen. Was treibt mich an? Welche Situationen lösen in mir Stress oder Angst aus? Wo sind meine emotionalen Schwachstellen, und wie reagiere ich in schwierigen Momenten? Indem wir uns diese Fragen stellen, beginnen wir, ein tieferes Verständnis für unsere innere Welt zu entwickeln.

Selbstwahrnehmung ist aber nicht nur das Bewusstsein für unsere Schwächen, sondern vor allem für unsere Stärken. Resiliente Menschen haben ein klares Bild von ihren Fähigkeiten und Kompetenzen. Sie wissen, was sie gut können, und vertrauen auf diese Stärken, wenn das Leben sie herausfordert. Dieses Wissen um die eigenen Fähigkeiten gibt ihnen die Zuversicht, schwierige Situationen zu bewältigen. Selbstwahrnehmung schafft die Grundlage dafür, dass wir uns selbst wertschätzen und auf unsere inneren Ressourcen zurückgreifen können, wenn es darauf ankommt. Ein großer Teil der Selbstwahrnehmung besteht darin, unsere Emotionen zu verstehen und zu akzeptieren. Oft neigen wir dazu, unangenehme Gefühle wie Angst, Wut oder Trauer zu unterdrücken, weil sie uns schwach oder verletzlich erscheinen lassen. Doch gerade das Erkennen und Akzeptieren dieser Emotionen ist entscheidend, um resilient zu bleiben. Emotionen sind wertvolle Hinweise darauf, was in unserem Inneren vorgeht. Wenn wir lernen, unsere Gefühle bewusst wahrzunehmen, anstatt sie zu verdrängen, können wir besser auf unsere Bedürfnisse eingehen und angemessene Strategien entwickeln, um mit Stress umzugehen. Resiliente Menschen haben zudem die Fähigkeit, ihre Reaktionen auf äußere Umstände zu reflektieren. Sie hinterfragen ihre Gedanken und Gefühle in herausfordernden Situationen und versuchen, ihre Reaktionen bewusst zu steuern. Dies bedeutet nicht, dass sie keine negativen Emotionen erleben – im Gegenteil. Sie fühlen genauso Schmerz, Wut oder Enttäuschung wie jeder andere auch. Der Unterschied liegt darin, dass sie sich dieser Gefühle bewusst sind und sie nicht die Kontrolle über ihr Handeln übernehmen lassen. Sie lassen sich von ihren Emotionen leiten, anstatt von ihnen überwältigt zu werden. Selbstwahrnehmung ermöglicht es uns auch, unsere inneren Glaubenssätze zu hinterfragen. Oft haben wir Überzeugungen, die unser Verhalten und unsere Entscheidungen beeinflussen, ohne dass wir uns dessen bewusst sind. Diese Glaubenssätze entstehen häufig in der Kindheit oder durch prägende Erfahrungen im Leben. Sie können uns stärken, aber auch einschränken. Resiliente Menschen haben die Fähigkeit, ihre Glaubenssätze kritisch zu betrachten und zu erkennen, welche von ihnen förderlich und welche hinderlich sind. Indem wir uns unserer inneren Überzeugungen bewusst werden, gewinnen wir die Freiheit, sie zu verändern und neue, kraftvolle Glaubenssätze zu entwickeln. Ein weiterer Aspekt der Selbstwahrnehmung ist die Achtsamkeit. Achtsamkeit bedeutet, im Moment präsent zu sein und unsere Gedanken, Gefühle und körperlichen Empfindungen ohne Urteil wahrzunehmen. Sie hilft uns, bewusster mit uns selbst und unserer Umgebung umzugehen und uns nicht von stressigen Gedanken oder Emotionen überwältigen zu lassen. Achtsamkeit ist eine Schlüsseltechnik, um unsere Selbstwahrnehmung zu schärfen und unsere innere Stärke zu kultivieren. Regelmäßige Achtsamkeitspraktiken, wie Meditation oder Atemübungen, fördern die Fähigkeit, unsere innere Welt klarer zu sehen und uns weniger von äußeren Einflüssen aus der Balance bringen zu lassen. Selbstwahrnehmung ist jedoch nicht nur eine innere Angelegenheit. Sie beeinflusst auch, wie wir in Beziehung zu anderen stehen. Wenn wir uns selbst besser kennen, sind wir auch in der Lage, authentische Beziehungen zu führen. Resiliente Menschen haben oft starke, unterstützende Netzwerke, weil sie in der Lage sind, ihre Bedürfnisse und Grenzen klar zu kommunizieren. Sie wissen, wann sie Hilfe brauchen und sind nicht scheu, diese auch anzunehmen. Gleichzeitig respektieren sie die Grenzen anderer und schaffen dadurch vertrauensvolle, belastbare Beziehungen. Natürlich ist Selbstwahrnehmung ein lebenslanger Prozess. Es gibt immer neue Ebenen unseres Bewusstseins zu entdecken. Doch je mehr wir uns selbst kennenlernen, desto größer wird unsere innere Stabilität. Diese Stabilität gibt uns die Kraft, in schwierigen Zeiten standhaft zu bleiben und gestärkt daraus hervorzugehen. Sie ermöglicht es uns, das Leben mit all seinen Herausforderungen anzunehmen und daran zu wachsen.

Selbstwahrnehmung ist daher nicht nur die Basis für Resilienz, sondern für ein erfülltes und authentisches Leben. Indem wir uns selbst besser verstehen, schaffen wir die Grundlage dafür, dass wir uns in jeder Situation auf uns selbst verlassen können – und das ist der erste Schritt zu wahrer innerer Stärke.

Beispiele für ein besseres Verständnis:

1. **Beruflicher Stress:**

   Lisa arbeitet in einem hoch stressigen Umfeld und hat ständig Deadlines. Ohne Selbstwahrnehmung bemerkt sie erst zu spät, dass ihre Energie aufgebraucht ist und sie kurz vor dem Burnout steht. Mit einer ausgeprägten Selbstwahrnehmung würde sie frühzeitig erkennen, dass sie erschöpft ist, weil sie sich angespannt und unruhig fühlt. Sie könnte sich dann bewusst Pausen nehmen, um sich zu erholen und ihre Arbeitsbelastung besser zu managen.

2. **Konflikte in Beziehungen:**

   Max hat einen Streit mit seinem Partner. Anstatt sofort ärgerlich zu reagieren, bemerkt er durch Selbstwahrnehmung, dass er eigentlich enttäuscht ist, weil er sich nicht gehört fühlt. Diese Erkenntnis hilft ihm, das Problem ruhig anzusprechen, anstatt es mit Wut zu eskalieren. Er kann seine Emotionen besser kontrollieren und den Konflikt konstruktiver lösen.

3. **Fehlender Selbstwert im Job:**

   Anna glaubt, dass sie im Job immer perfekt sein muss, um geschätzt zu werden. Dieser Glaubenssatz führt dazu, dass sie sich überarbeitet und ständig Angst vor Fehlern hat. Durch Selbstwahrnehmung erkennt sie diesen überhöhten Anspruch an sich selbst und beginnt, sich zu fragen, woher dieser Druck kommt. Sie lernt, sich mehr Selbstwert zuzugestehen, auch wenn nicht alles perfekt ist, und sie beginnt, ihren Perfektionismus zu hinterfragen.

4. **Überforderung im Alltag:**

   Tom ist Vater von zwei Kindern und hat einen Vollzeitjob. Er merkt, dass er ständig gereizt und überfordert ist. Durch Selbstwahrnehmung erkennt er, dass er kaum Zeit für sich selbst hat und dass dies seine Stimmung negativ beeinflusst. Anstatt weiterzumachen, plant er bewusste Auszeiten für sich selbst ein, um wieder aufzutanken und geduldiger mit seinen Kindern und sich selbst zu sein.

5. **Körperliche Signale des Stresses:**

   Sabine bemerkt häufig Verspannungen im Nacken und Kopfschmerzen, ignoriert diese aber meist und arbeitet weiter. Mit einer besseren Selbstwahrnehmung würde sie frühzeitig erkennen, dass diese körperlichen Symptome ein Zeichen für ihren hohen Stresspegel sind. Sie könnte sich bewusst dazu entschließen, eine Pause zu machen oder Achtsamkeitsübungen zu praktizieren, um den Stress zu reduzieren, bevor die Symptome sich verschlimmern.

6. **Achtsamkeit im Alltag:**

   Florian ist oft abgelenkt und lebt auf Autopilot, ohne sich der täglichen Stressfaktoren bewusst zu sein. Er beschließt, Achtsamkeit zu üben, um seine Selbstwahrnehmung zu verbessern. Bei der Arbeit bemerkt er plötzlich, dass er regelmäßig den Atem anhält, wenn er unter Druck steht. Diese Erkenntnis hilft ihm, tief durchzuatmen und seine Anspannung zu lösen, bevor sie sich zu einem Problem aufbaut.

7. **Emotionale Auslöser erkennen:**

   Julia reagiert oft übertrieben emotional, wenn sie kritisiert wird. Sie erkennt durch Selbstwahrnehmung, dass diese Reaktion mit ihrer Kindheit zusammenhängt, in der sie häufig für kleine Fehler gerügt wurde. Diese Erkenntnis erlaubt es ihr, auf Kritik bewusster und ruhiger zu reagieren, da sie den emotionalen Auslöser versteht.

8. **Soziale Beziehungen pflegen:**

   Peter fühlt sich oft isoliert und hat das Gefühl, dass ihm emotionale Unterstützung fehlt. Durch Selbstwahrnehmung erkennt er, dass er selbst wenig Initiative zeigt, um Freundschaften zu pflegen. Er stellt fest, dass er aus Angst vor Zurückweisung eher passiv ist. Mit dieser Erkenntnis beginnt er, aktiver auf seine Freunde zuzugehen und um Unterstützung zu bitten, anstatt sich zurückzuziehen.

Diese Beispiele zeigen, wie Selbstwahrnehmung in verschiedenen Lebensbereichen eingesetzt wird, um besser mit Herausforderungen umzugehen, emotionale Auslöser zu erkennen und bewusste Entscheidungen zu treffen.

Selbstregulation – Emotionen im Griff haben

Selbstregulation ist die Fähigkeit, unsere Emotionen, Impulse und Verhaltensweisen bewusst zu steuern, anstatt ihnen blind zu folgen. In herausfordernden oder stressigen Situationen ist es diese innere Kontrolle, die uns hilft, nicht von unseren Gefühlen überwältigt zu werden, sondern sie in Bahnen zu lenken, die uns dabei unterstützen, resilient zu bleiben. Selbstregulation ist eine der wichtigsten Fähigkeiten, um emotionale Stabilität zu entwickeln und auch in turbulenten Zeiten klar und besonnen zu handeln. Emotionen sind ein natürlicher und wichtiger Teil unseres Lebens. Sie helfen uns, unsere Umwelt zu verstehen und auf sie zu reagieren. Doch manchmal können sie auch überwältigend oder destruktiv wirken, besonders wenn wir von Angst, Wut oder Traurigkeit dominiert werden. Die Fähigkeit, unsere Emotionen zu regulieren, bedeutet jedoch nicht, sie zu unterdrücken oder zu ignorieren. Vielmehr geht es darum, sie bewusst wahrzunehmen, zu verstehen und in einer Weise zu steuern, die uns hilft, konstruktiv zu handeln, anstatt impulsiv oder reaktiv zu sein. Stell dir vor, du hast gerade eine unerwartet schlechte Nachricht erhalten – vielleicht hast du eine berufliche Chance verpasst oder es gibt Schwierigkeiten in einer wichtigen Beziehung. Deine erste Reaktion könnte Wut oder Enttäuschung sein. Ohne Selbstregulation könntest du impulsiv handeln, vielleicht mit einer wütenden Antwort auf eine E-Mail reagieren oder den Ärger an einer anderen Person auslassen. Durch Selbstregulation hingegen erkennst du deine Emotionen im Moment, anstatt von ihnen überwältigt zu werden. Du atmest tief durch, nimmst dir Zeit, um die Situation zu reflektieren, und reagierst mit Bedacht. Du entscheidest bewusst, wie du mit der Enttäuschung umgehen möchtest, anstatt von ihr kontrolliert zu werden. Ein zentrales Element der Selbstregulation ist die Fähigkeit, emotionale Auslöser zu erkennen. Jeder Mensch hat bestimmte Trigger, die starke emotionale Reaktionen hervorrufen können. Dies könnten etwa Kritik, Ablehnung oder das Gefühl von Ungerechtigkeit sein. Resiliente Menschen wissen, welche Situationen sie besonders herausfordern, und bereiten sich innerlich darauf vor, bewusst auf solche Trigger zu reagieren. Ein Beispiel: Wenn du weißt, dass du bei Kritik schnell defensiv reagierst, kannst du dir vor einem wichtigen Gespräch oder einer potenziell kritischen Situation eine Strategie zurechtlegen, wie du ruhig und offen bleiben kannst. Du könntest dir vornehmen, erst einmal zuzuhören, tief durchzuatmen und dir Zeit zu nehmen, bevor du antwortest. Ein weiterer Aspekt der Selbstregulation ist der Umgang mit negativen Emotionen wie Angst oder Stress. Diese Gefühle sind oft unvermeidlich, besonders in schwierigen Lebensphasen. Selbstregulation bedeutet nicht, diese Emotionen zu vermeiden, sondern sie bewusst zu steuern, damit sie uns nicht lähmen. Stell dir vor, du stehst vor einer großen Herausforderung – vielleicht eine wichtige Präsentation oder ein entscheidendes Bewerbungsgespräch. Du fühlst dich nervös, vielleicht sogar ängstlich. Anstatt diese Gefühle zu ignorieren oder dich von ihnen überwältigen zu lassen, erkennst du sie an und nutzt Techniken wie Atemübungen oder Visualisierungen, um die Kontrolle zurückzugewinnen. Du fokussierst dich auf das, was du beeinflussen kannst, und machst dir deine Stärken bewusst, anstatt dich in Angstgedanken zu verlieren. Ein weiteres praktisches Beispiel für Selbstregulation ist der Umgang mit Frustration im Alltag. Stell dir vor, du stehst im Stau und wirst langsam ungeduldig. Ohne Selbstregulation könnte deine Frustration in Wut umschlagen, was sich negativ auf deinen Tag auswirkt und vielleicht auch deine Laune für andere spürbar macht. Mit Selbstregulation erkennst du, dass du die Situation nicht ändern kannst, aber du kannst kontrollieren, wie du darauf reagierst. Anstatt dich über etwas zu ärgern, das außerhalb deiner Kontrolle liegt, entscheidest du dich bewusst, ruhig zu bleiben und die Zeit vielleicht für einen Podcast oder eine Entspannungsübung zu nutzen. Dies gibt dir das Gefühl, auch in einer frustrierenden Situation die Kontrolle über dein emotionales Wohlbefinden zu behalten. Selbstregulation erfordert Übung. Sie bedeutet, innezuhalten, bevor man handelt, und die eigenen

Reaktionen bewusst zu steuern. Doch mit der Zeit wird diese Fähigkeit immer natürlicher. Ein großer Teil der Selbstregulation besteht darin, sich selbst gut zu kennen – zu wissen, welche Emotionen in bestimmten Situationen auftauchen und wie man am besten damit umgeht. Dies kann auch beinhalten, dass man lernt, in schwierigen Momenten Hilfe zu suchen oder Unterstützung anzunehmen, anstatt alles allein durchzustehen. Ein weiterer wichtiger Bestandteil der Selbstregulation ist die Selbstfürsorge. Wenn wir uns emotional erschöpft oder gestresst fühlen, fällt es uns oft schwerer, unsere Emotionen zu kontrollieren. Resiliente Menschen wissen, dass sie sich regelmäßig Zeit nehmen müssen, um ihre Energiereserven aufzufüllen. Das kann durch ausreichend Schlaf, Bewegung, gesunde Ernährung oder Entspannungspraktiken wie Meditation geschehen. Indem du auf deine körperlichen und emotionalen Bedürfnisse achtest, schaffst du die Grundlage dafür, dass du in stressigen Situationen besser mit deinen Emotionen umgehen kannst.

Selbstregulation gibt dir die Freiheit, bewusst zu handeln, anstatt automatisch zu reagieren. Sie ermöglicht es dir, dich auf das zu konzentrieren, was du beeinflussen kannst, anstatt dich von äußeren Umständen oder inneren Emotionen kontrollieren zu lassen. In einer Welt, die uns oft mit Herausforderungen konfrontiert, die außerhalb unserer Kontrolle liegen, ist diese Fähigkeit ein mächtiges

Werkzeug, um Resilienz und emotionale Stabilität zu entwickeln. Durch Selbstregulation bist du in der Lage, bewusste Entscheidungen zu treffen, selbst wenn du dich in emotional aufgeladenen Situationen befindest. Du kannst deine Emotionen lenken, anstatt von ihnen gelenkt zu werden, und dadurch gestärkt und ausgeglichen durchs Leben gehen.

Beispiele für ein besseres Verständnis:

1. **Umgang mit Stress im Job**

   Stell dir vor, du hast einen vollen Arbeitstag und plötzlich kommt ein dringendes Projekt dazu, das sofort erledigt werden muss. Deine erste Reaktion könnte sein, dich überwältigt zu fühlen und in Panik zu verfallen. Ohne Selbstregulation würdest du dich vielleicht gestresst an die Arbeit machen, Fehler begehen oder unüberlegt reagieren. Mit Selbstregulation würdest du einen Moment innehalten, tief durchatmen und deine Prioritäten neu sortieren. Du entscheidest, ruhig und strategisch vorzugehen, indem du die dringenden Aufgaben zuerst erledigst und klare Grenzen setzt, um Überforderung zu vermeiden.

2. **Reaktion auf Kritik**

   Du bekommst von deinem Vorgesetzten unerwartet kritisches Feedback zu einem Projekt, an dem du hart gearbeitet hast. Deine erste emotionale Reaktion könnte sein, dass du dich angegriffen fühlst oder defensiv wirst. Ohne Selbstregulation könntest du impulsiv antworten oder dich emotional zurückziehen. Mit Selbstregulation würdest du die Kritik annehmen, indem du zunächst deine Gefühle wahrnimmst und sie bewusst regulierst. Du erkennst, dass die Kritik nicht persönlich gemeint ist, und entscheidest, sie als Möglichkeit zur Verbesserung zu sehen. Dadurch bleibst du ruhig, fragst nach konkreten Verbesserungsvorschlägen und lernst aus der Situation.

3. **Frustration im Alltag**

   Stell dir vor, du verpasst deinen Zug zur Arbeit und weißt, dass du zu spät kommen wirst. Die erste Reaktion wäre vielleicht Frustration oder Ärger über die Situation. Ohne Selbstregulation könnte diese Frustration deinen gesamten Tag beeinflussen und dich in schlechte Laune versetzen. Mit Selbstregulation erkennst du jedoch, dass du die äußeren Umstände nicht ändern kannst, aber deine Reaktion darauf kontrollieren kannst. Du nimmst die Situation an, atmest tief durch und entscheidest, die Wartezeit sinnvoll zu nutzen, vielleicht mit dem Lesen eines Buches oder dem Hören eines Podcasts.

4. Umgang mit Angst

Du stehst vor einer wichtigen Präsentation und fühlst dich extrem nervös. Deine ersten emotionalen Reaktionen könnten Angst oder Unsicherheit sein. Ohne Selbstregulation könntest du dich in negativen Gedanken verlieren, was die Nervosität verstärkt. Mit Selbstregulation würdest du dir bewusst Zeit nehmen, um dich zu beruhigen. Du könntest Atemübungen machen oder dich mental darauf fokussieren, was du gut kannst. Indem du die Angst erkennst und bewusst steuerst, gewinnst du die Kontrolle über deine Emotionen und kannst selbstsicher auftreten.

5. Konflikt in einer Beziehung

Du hast einen Streit mit deinem Partner. Ohne Selbstregulation könntest du impulsiv reagieren, vielleicht lauter werden oder verletzende Dinge sagen. Mit Selbstregulation würdest du deine Wut oder Frustration wahrnehmen, tief durchatmen und dich dafür entscheiden, ruhig zu bleiben. Anstatt den Streit zu eskalieren, entscheidest du dich, die Situation in Ruhe zu besprechen und nach einer Lösung zu suchen, die beide zufriedenstellt.

6. **Reizbarkeit nach einem langen Tag**

   Nach einem stressigen Tag kommst du nach Hause und deine Kinder sind laut oder dein Partner macht einen harmlosen Kommentar, der dich ärgert. Ohne Selbstregulation würdest du vielleicht gereizt reagieren, obwohl die Situation es nicht verdient. Mit Selbstregulation erkennst du jedoch, dass deine Müdigkeit und der Stress des Tages deine Reaktionen beeinflussen. Du nimmst dir einen Moment, um dich zu sammeln, vielleicht trinkst du ein Glas Wasser oder gehst für ein paar Minuten an die frische Luft, bevor du auf die Situation reagierst. Dadurch verhinderst du, dass deine Überlastung die Stimmung zu Hause negativ beeinflusst.

7. **Essen als emotionaler Ausgleich**

   Stell dir vor, du hattest einen anstrengenden Tag und greifst aus Frust oder Stress zu ungesunden Snacks. Ohne Selbstregulation könntest du unbewusst emotionales Essen als Trostmittel einsetzen, was später zu Schuldgefühlen führen könnte. Mit Selbstregulation würdest du den Impuls bemerken und hinterfragen, ob du wirklich Hunger hast oder ob du nur aus emotionalem Stress isst. Du entscheidest bewusst, gesündere Alternativen zu wählen oder dir eine andere Form der Entspannung zu suchen, wie etwa einen Spaziergang oder eine kurze Meditation.

Optimismus – Die Kraft positiver Gedanken

Optimismus ist eine der mächtigsten Säulen der Resilienz. Es ist die Fähigkeit, auch in schwierigen Situationen das Positive zu sehen und daran zu glauben, dass sich die Dinge zum Besseren wenden können. Ein optimistisches Denken gibt uns die innere Überzeugung, dass wir in der Lage sind, Herausforderungen zu meistern und aus Krisen gestärkt hervorzugehen. Dabei geht es nicht darum, die Realität zu verdrängen oder negative Erfahrungen zu leugnen, sondern vielmehr darum, selbst in schwierigen Zeiten einen Sinn und eine Perspektive zu finden. Optimismus wirkt wie ein mentaler Schutzschild. Menschen, die eine positive Grundeinstellung haben, sind widerstandsfähiger gegenüber Stress und Rückschlägen. Sie lassen sich weniger leicht von äußeren Umständen entmutigen und sind besser in der Lage, kreative Lösungen zu finden. Studien zeigen, dass optimistische Menschen tendenziell gesünder, glücklicher und erfolgreicher sind. Das liegt daran, dass sie in schwierigen Situationen nicht in Resignation oder Pessimismus verfallen, sondern aktiv nach Wegen suchen, um das Beste aus der Situation zu machen. Ein klassisches Beispiel für die Kraft des Optimismus zeigt sich bei Menschen, die einen Jobverlust erleiden. Während ein Pessimist diese Erfahrung möglicherweise als persönlichen Misserfolg ansieht und in einer Spirale aus Selbstzweifeln und Resignation versinkt, könnte ein Optimist diese Situation als Chance betrachten. Ein optimistischer Mensch sieht den Jobverlust vielleicht als Möglichkeit, sich beruflich neu zu orientieren, neue Fähigkeiten zu erlernen oder endlich den Traumjob zu finden, den er schon immer wollte. Diese Denkweise schafft Raum für positive Veränderungen und gibt die nötige Energie, um aktiv zu werden. Optimismus ist nicht gleichbedeutend mit Naivität oder übermäßigem Wunschdenken. Es bedeutet nicht, die Realität zu ignorieren oder sich einzureden, dass alles gut ist, auch wenn es das nicht ist. Vielmehr ist es eine bewusste Entscheidung, den Fokus auf das zu legen, was man kontrollieren und verändern kann. Optimisten erkennen die Probleme und Herausforderungen an, aber sie bleiben nicht bei den negativen Aspekten stehen. Stattdessen richten sie ihre Energie darauf, nach Lösungen zu suchen und die Zukunft mit Zuversicht anzugehen. Nehmen wir das Beispiel eines Sportlers, der sich kurz vor einem wichtigen Wettkampf verletzt. Ein Pessimist könnte denken, dass die Verletzung das Ende seiner sportlichen Karriere bedeutet, und sich in Selbstmitleid verlieren. Ein Optimist hingegen wird die Verletzung als vorübergehende Hürde sehen. Er wird sich darauf konzentrieren, wie er den Heilungsprozess aktiv unterstützen kann, vielleicht seine mentale Stärke trainieren oder alternative Trainingsmethoden ausprobieren. Der Optimismus gibt ihm die Kraft, nicht aufzugeben und weiter an seinen

Zielen festzuhalten, selbst wenn die äußeren Umstände schwierig sind. Optimismus ist auch eine wichtige Ressource in zwischenmenschlichen Beziehungen. Stell dir vor, du erlebst in einer Freundschaft oder Partnerschaft eine Krise. Ein pessimistischer Ansatz könnte dazu führen, dass du das Ende der Beziehung siehst, bevor du überhaupt versucht hast, die Situation zu klären. Ein optimistischer Mensch hingegen wird nach Lösungen suchen und daran glauben, dass die Beziehung gestärkt aus der Krise hervorgehen kann, wenn beide Parteien bereit sind, daran zu arbeiten. Optimismus eröffnet in solchen Situationen die Möglichkeit, schwierige Phasen als Wachstumschancen zu betrachten. Interessanterweise ist Optimismus nicht nur eine innere Einstellung, sondern beeinflusst auch das Verhalten. Optimistische Menschen neigen dazu, aktiver zu handeln und Probleme anzugehen. Sie haben das Gefühl, dass sie durch ihre Anstrengungen einen Unterschied machen können, und deshalb sind sie bereit, mehr zu investieren, um ihre Ziele zu erreichen. Diese Haltung fördert den Erfolg, da sie die Wahrscheinlichkeit erhöht, dass sie trotz Rückschlägen weitermachen, bis sie ihr Ziel erreicht haben. Es ist wichtig zu betonen, dass Optimismus trainiert werden kann. Selbst wenn jemand von Natur aus eher dazu neigt, negativ oder pessimistisch zu denken, kann er lernen, seine Gedankenmuster zu verändern. Eine Möglichkeit, dies zu tun, ist, sich bewusst auf positive Aspekte zu konzentrieren

– auch in scheinbar schwierigen Situationen. Eine einfache Übung besteht darin, am Ende jedes Tages drei positive Dinge aufzuschreiben, die gut gelaufen sind. Diese Übung hilft dabei, das Gehirn auf positive Erlebnisse zu fokussieren und das Bewusstsein für das Gute im Alltag zu schärfen.

Ein weiteres Beispiel ist der Umgang mit Scheitern. Anstatt sich auf das zu konzentrieren, was schiefgegangen ist, könnte man sich fragen: "Was habe ich aus dieser Erfahrung gelernt?" oder "Wie kann ich es das nächste Mal besser machen?" Indem man den Fokus auf Wachstum und Verbesserung legt, stärkt man die optimistische Denkweise und fördert die Resilienz. Optimismus bedeutet auch, Vertrauen in die eigene Fähigkeit zu haben, mit zukünftigen Herausforderungen umzugehen. Ein optimistischer Mensch sagt sich: "Ich habe in der Vergangenheit schon schwierige Situationen gemeistert, also werde ich auch diese meistern." Diese innere Überzeugung schafft ein Gefühl der Kontrolle und Zuversicht, das in schwierigen Zeiten von unschätzbarem Wert ist.

Zusammenfassend lässt sich sagen, dass Optimismus eine entscheidende Rolle für die Resilienz spielt. Er hilft uns, schwierige Situationen nicht als unüberwindbare Hindernisse zu sehen, sondern als Herausforderungen, an denen wir wachsen können. Optimismus gibt uns die

Kraft, aktiv zu bleiben, auch wenn die äußeren Umstände gegen uns sprechen. Er ermöglicht es uns, das Leben mit einer positiven und lösungsorientierten Einstellung anzugehen, was nicht nur unsere Chancen auf Erfolg erhöht, sondern auch unsere Zufriedenheit und Lebensfreude steigert.

Beispiele für ein besseres Verständnis:

1. **Beruflicher Rückschlag:**

   Sophie hat sich auf eine neue Stelle beworben, die sie wirklich wollte, aber sie bekommt eine Absage. Ein pessimistischer Ansatz könnte dazu führen, dass sie glaubt, dass sie für diese Art von Job einfach nicht gut genug ist und es in Zukunft gar nicht mehr versucht. Mit Optimismus betrachtet Sophie die Absage als eine Chance, ihre Bewerbung zu verbessern oder andere Stellen zu finden, die noch besser zu ihr passen. Sie denkt: "Es hat dieses Mal nicht geklappt, aber es gibt noch viele andere Möglichkeiten."

2. **Gesundheitliche Herausforderung:**

   Max erleidet eine Sportverletzung, die ihn mehrere Monate außer Gefecht setzt. Ein pessimistischer Mensch könnte sich in dieser Situation entmutigt fühlen und Angst haben, nie wieder richtig Sport treiben zu können. Ein Optimist wie Max sieht die Verletzung als temporäre Hürde. Er konzentriert sich auf die Möglichkeiten der Rehabilitation und darauf, während der Pause andere Fähigkeiten zu entwickeln, wie mentale Stärke oder Flexibilität. Max glaubt daran, dass er nach der Genesung noch stärker zurückkommen wird.

3. **Finanzielle Schwierigkeiten:**

   Clara hat eine unerwartet hohe Rechnung erhalten, die ihr finanzielles Budget sprengt. Ein pessimistischer Ansatz könnte sie dazu bringen, in Panik zu verfallen und zu denken, dass sie nie genug Geld haben wird, um ihre Ziele zu erreichen. Mit einer optimistischen Einstellung sieht Clara die Herausforderung als eine Möglichkeit, ihren Umgang mit Geld zu überdenken. Sie erstellt einen Sparplan und überlegt, wie sie ihre Ausgaben besser verwalten kann. Ihr Optimismus hilft ihr, kreative Lösungen zu finden und die Situation positiv zu gestalten.

4. **Beziehungsprobleme:**

   Peter und seine Partnerin haben eine schwierige Phase in ihrer Beziehung. Ein pessimistischer Mensch könnte die Situation als Zeichen dafür sehen, dass die Beziehung nicht mehr funktioniert und das Ende nahe ist. Ein Optimist wie Peter hingegen sieht die Krise als Chance für Wachstum. Er glaubt, dass sie durch Gespräche und gegenseitiges Verständnis die Beziehung stärken können. Anstatt aufzugeben, setzt er sich für Lösungen ein und arbeitet daran, die Verbindung zu vertiefen.

5. **Schule oder Studium:**

Lena hat in einer wichtigen Prüfung eine schlechte Note bekommen. Ein pessimistischer Mensch könnte daraus schließen, dass er einfach nicht schlau genug ist und sich in Zukunft weniger Mühe geben. Lena als Optimistin erkennt, dass die schlechte Note nicht das Ende ihrer akademischen Laufbahn bedeutet. Sie analysiert, was schiefgelaufen ist, und erstellt einen Plan, um sich beim nächsten Mal besser vorzubereiten. Sie glaubt, dass sie aus ihren Fehlern lernen und sich verbessern kann.

6. **Verkehrschaos und Verspätung:**

Tom steckt auf dem Weg zu einem wichtigen Termin im Stau fest. Ein pessimistischer Mensch könnte sich ärgern, wütend werden und den ganzen Tag als ruiniert betrachten. Tom hingegen entscheidet sich, die Situation zu akzeptieren und das Beste daraus zu machen. Er bleibt ruhig, hört einen inspirierenden Podcast oder nutzt die Zeit, um seine Gedanken zu ordnen. Sein Optimismus hilft ihm, die Verspätung als eine kleine Unannehmlichkeit zu betrachten, die seinen Tag nicht zerstören muss.

7. **Fehlschlag bei einem persönlichen Ziel:**

   Maria hat sich vorgenommen, dieses Jahr fit zu werden, aber trotz ihrer Bemühungen hat sie in den letzten Monaten keine großen Fortschritte gemacht. Ein Pessimist könnte aufgeben und denken, dass er nie die gewünschte Fitness erreichen wird. Maria als Optimistin sieht das anders: Sie reflektiert, was vielleicht nicht funktioniert hat, und passt ihren Trainingsplan an. Sie bleibt motiviert, weil sie daran glaubt, dass kontinuierliche Anstrengung zu positiven Ergebnissen führen wird – auch wenn es länger dauert, als erwartet.

8. **Gesellschaftliche Veränderungen:**

   Jonas beobachtet viele negative Nachrichten über wirtschaftliche Unsicherheiten und gesellschaftliche Probleme. Ein Pessimist könnte die Welt als trostlos und bedrohlich empfinden. Jonas hingegen sieht die Herausforderungen als Chancen, um Veränderungen anzustoßen. Er engagiert sich in Projekten, die positive soziale Effekte haben, und glaubt daran, dass er durch seine Taten einen kleinen, aber wichtigen Beitrag zur Verbesserung der Gesellschaft leisten kann. Sein Optimismus inspiriert auch andere, aktiv zu werden.

Diese Beispiele zeigen, wie Optimismus in verschiedenen Alltagssituationen angewendet werden kann. Er hilft Menschen, Rückschläge als vorübergehend zu betrachten, Chancen in Herausforderungen zu sehen und aktiv nach Lösungen zu suchen, anstatt sich von negativen Gedanken überwältigen zu lassen. Optimismus gibt ihnen die Energie, weiterzumachen und positiv in die Zukunft zu blicken.

Lösungsorientierung – Der Fokus auf das Machbare

Lösungsorientierung ist eine der entscheidenden Fähigkeiten, die resilienten Menschen helfen, Herausforderungen zu meistern und erfolgreich durch Krisen zu navigieren. Anstatt sich von Problemen lähmen zu lassen oder sich im Kreislauf von Sorgen und Selbstzweifeln zu verlieren, richten lösungsorientierte Menschen ihren Fokus auf das, was sie konkret tun können, um die Situation zu verbessern. Es geht darum, handlungsfähig zu bleiben und auf das Machbare zu schauen, selbst wenn die Umstände schwierig sind. Oft stehen wir vor Problemen, die auf den ersten Blick unlösbar erscheinen. Vielleicht ist es eine berufliche Sackgasse, eine persönliche Krise oder eine finanzielle Herausforderung. Der erste Impuls vieler Menschen ist es, sich auf die negativen Aspekte der Situation zu konzentrieren – auf das, was schiefgelaufen ist, auf die möglichen schlimmen Folgen oder auf die Hindernisse, die unüberwindbar scheinen. Doch genau hier kommt die Lösungsorientierung ins Spiel: Anstatt die Energie auf das Problem selbst zu richten, suchen lösungsorientierte Menschen nach Wegen, wie sie trotz der Schwierigkeiten vorankommen können. Ein Beispiel: Nehmen wir an, du verlierst plötzlich deinen Job. Die erste Reaktion könnte Panik, Unsicherheit oder Selbstzweifel sein. Doch anstatt dich auf die negativen Emotionen und die Angst vor der Zukunft zu konzentrieren, würdest du als lösungsorientierte Person überlegen: Was kann ich jetzt tun, um diese Situation zu verbessern? Vielleicht fängst du an, deinen Lebenslauf zu überarbeiten, dich bei Netzwerken zu bewerben oder neue Fähigkeiten zu erlernen, die deine Chancen auf dem Arbeitsmarkt verbessern. Durch diesen aktiven Ansatz veränderst du die Dynamik: Du gehst vom Opfer der Situation zum Gestalter deiner eigenen Zukunft über. Lösungsorientierung bedeutet, pragmatisch zu denken. Es geht nicht darum, sofort eine perfekte Lösung zu finden, sondern kleine, machbare Schritte zu identifizieren, die dich voranbringen. Stell dir vor, du hast ein großes Projekt auf der Arbeit und bist überfordert mit dem Umfang der Aufgaben. Ohne Lösungsorientierung würdest du dich vielleicht in der Masse der unerledigten Aufgaben verlieren und dich blockiert fühlen. Mit einem lösungsorientierten Ansatz würdest du das Projekt in kleinere, machbare Aufgaben unterteilen und priorisieren, was am wichtigsten ist. Vielleicht fragst du auch nach Unterstützung oder delegierst bestimmte Aufgaben. Der Fokus liegt immer darauf, was du jetzt tun kannst, anstatt dich von der Größe des Problems entmutigen zu lassen. Ein weiterer wichtiger Aspekt der Lösungsorientierung ist das Denken in Alternativen. Es gibt selten nur einen einzigen Weg, ein Problem zu lösen. Menschen, die lösungsorientiert denken, sind flexibel und bereit, verschiedene Ansätze auszuprobieren. Ein Beispiel hierfür könnte eine unerwartete Absage auf ein wichtiges Angebot sein, das du erwartet hast. Anstatt frustriert aufzugeben, würdest du überlegen, welche Alternativen es gibt. Gibt es ähnliche Möglichkeiten, die du verfolgen könntest? Kannst du ein weiteres Angebot einholen oder einen anderen Weg einschlagen, der dich ebenfalls zum Ziel führt? Diese Offenheit für verschiedene Lösungswege verhindert, dass du in einer Sackgasse landest. Auch der Umgang mit Fehlern und Rückschlägen ist ein wichtiger Teil der Lösungsorientierung. Es ist leicht, bei einem Fehlschlag frustriert zu sein und das Problem als unlösbar zu betrachten. Doch lösungsorientierte Menschen verstehen, dass Fehler Teil des Prozesses sind. Sie lernen aus ihren Erfahrungen und passen ihren Ansatz an, um es beim nächsten Mal besser zu machen. Dieser Ansatz erfordert Geduld und die Fähigkeit, aus Fehlern nicht Entmutigung, sondern neue Erkenntnisse zu gewinnen. Wenn du beispielsweise ein Ziel nicht erreicht hast, fragst du dich: "Was habe ich daraus gelernt?" oder "Wie kann ich meinen Ansatz verbessern?" Dadurch bleibst du proaktiv und konzentrierst dich darauf, voranzukommen, anstatt aufzugeben.

Lösungsorientiertes Denken lässt sich auch in zwischenmenschlichen Beziehungen anwenden. In Konflikten neigen wir oft dazu, uns auf das Problem zu fokussieren – darauf, was der andere falsch gemacht hat oder warum wir uns verletzt fühlen. Ein lösungsorientierter Ansatz würde jedoch bedeuten, zu überlegen: "Was können wir tun, um die Situation zu verbessern?" Anstatt Schuld zuzuweisen, suchst du nach gemeinsamen Lösungen, die die Beziehung stärken. Vielleicht bedeutet das, offen über Bedürfnisse zu sprechen oder einen Kompromiss zu finden, der für beide Seiten akzeptabel ist. Der Fokus liegt immer darauf, die Beziehung nach vorne zu bringen, anstatt in negativen Emotionen stecken zu bleiben. Ein weiteres Beispiel ist der Umgang mit langfristigen Zielen. Stell dir vor, du hast ein großes persönliches Ziel, wie etwa eine berufliche Weiterbildung oder das Erlernen einer neuen Fähigkeit. Anfangs kann dieses Ziel überwältigend erscheinen, besonders wenn du nicht sofort Fortschritte siehst. Ein lösungsorientierter Mensch würde jedoch nicht auf das Endergebnis fixiert bleiben, sondern sich fragen: "Was ist der erste Schritt, den ich heute tun kann?" Dies könnte bedeuten, sich täglich 30 Minuten Zeit zu nehmen, um an dem Ziel zu arbeiten, oder sich Unterstützung von einem Mentor oder Experten zu suchen. Der Schlüssel liegt darin, machbare Schritte zu identifizieren, anstatt von der Größe des Ziels entmutigt zu werden.

Lösungsorientierung ist eng mit einer positiven Denkweise verknüpft. Sie bedeutet, den Fokus auf Möglichkeiten und Potenziale zu legen, anstatt sich in

Problemen zu verlieren. Diese Haltung gibt uns die Freiheit, in schwierigen Situationen handlungsfähig zu bleiben, und verhindert, dass wir in Passivität oder Resignation verfallen. Es ist die Fähigkeit, das Beste aus jeder Situation zu machen und immer nach Wegen zu suchen, wie wir unser Leben aktiv gestalten können.

Zusammengefasst ist Lösungsorientierung nicht nur eine Denkweise, sondern auch eine praktische Fähigkeit, die uns hilft, Herausforderungen effektiv zu meistern. Sie bedeutet, sich auf das zu konzentrieren, was machbar ist, und kleine Schritte zu unternehmen, um voranzukommen. Sie erfordert Flexibilität, Kreativität und die Bereitschaft, aus Fehlern zu lernen. Und vor allem gibt sie uns die Möglichkeit, in schwierigen Situationen aktiv und konstruktiv zu handeln, anstatt uns vom Problem überwältigen zu lassen.

Beispiele für ein besseres Verständnis:

1. **Jobverlust:**

   Anna hat unerwartet ihren Job verloren. Anstatt sich in Selbstmitleid oder Sorgen zu verlieren, nutzt sie eine lösungsorientierte Haltung. Sie fragt sich: "*Was kann ich jetzt tun?*" Anna erstellt einen neuen Lebenslauf, beginnt sich aktiv nach Stellen umzusehen und knüpft Kontakte in ihrem Netzwerk, um ihre Chancen zu verbessern. Sie nimmt sich auch Zeit, über ihre beruflichen Interessen nachzudenken und nutzt die Gelegenheit, sich weiterzubilden oder neue Fähigkeiten zu erwerben, die ihre Attraktivität auf dem Arbeitsmarkt steigern.

2. **Projektprobleme im Job:**

Tom arbeitet an einem großen Projekt, und plötzlich treten unerwartete technische Schwierigkeiten auf, die den Zeitplan gefährden. Anstatt sich von der Problematik überwältigen zu lassen, analysiert er, was er kontrollieren kann. Er fragt sich: *"Welche Teile des Projekts kann ich trotz der Schwierigkeiten vorantreiben?"* Tom identifiziert Aufgaben, die parallel erledigt werden können, und wendet sich an Kollegen, die ihm bei den technischen Problemen helfen können. Durch diese Herangehensweise bleibt das Projekt auf Kurs, und er findet Lösungen, bevor die Krise außer Kontrolle gerät.

3. **Beziehungsprobleme:**

Julia und ihr Partner haben eine schwierige Phase in ihrer Beziehung und streiten oft. Statt sich auf die Probleme und die negativen Emotionen zu konzentrieren, beschließt Julia, einen lösungsorientierten Ansatz zu verfolgen. Sie setzt sich mit ihrem Partner zusammen und fragt: *"Was können wir konkret tun, um unsere Beziehung zu verbessern?"* Gemeinsam entwickeln sie

Kommunikationsstrategien, planen regelmäßige Paargespräche und nehmen sich Zeit für gemeinsame Aktivitäten, die ihre Bindung stärken. Indem sie sich auf Lösungen konzentrieren, schaffen sie es, die Beziehung zu stabilisieren und das Problem proaktiv anzugehen.

4. **Finanzielle Engpässe:**

   Markus steht vor finanziellen Schwierigkeiten und hat Probleme, seine monatlichen Ausgaben zu decken. Anstatt sich von der Angst und Unsicherheit lähmen zu lassen, beginnt er, seine Optionen zu erkunden. Er setzt sich hin und erstellt ein detailliertes Budget, um herauszufinden, wo er sparen kann. Außerdem überlegt er, ob er zusätzliche Einnahmequellen erschließen kann, wie z.B. einen Nebenjob oder das Verkaufen von Dingen, die er nicht mehr benötigt. Durch diesen lösungsorientierten Ansatz fühlt er sich handlungsfähig und gewinnt Kontrolle über seine finanzielle Situation zurück.

5. **Sportliche Herausforderung:**

   Lisa hat sich auf einen Marathon vorbereitet, doch zwei Wochen vor dem Rennen verletzt sie sich leicht. Statt sich über die Verletzung zu ärgern und aufzugeben, fokussiert sie sich auf das, was sie kontrollieren kann. Sie bespricht mit ihrem Physiotherapeuten, wie sie ihr Training anpassen kann, um die Verletzung nicht zu verschlimmern, und konzentriert sich auf mentale Stärke und leichte Übungen. Lisa bleibt lösungsorientiert und sucht nach Wegen, wie sie ihr Ziel erreichen kann, auch wenn die Bedingungen nicht ideal sind.

6. **Gesundheitliche Krise:**

   Martin erhält eine Diagnose, die ihn gesundheitlich stark einschränkt. Die erste Reaktion könnte Angst und Hoffnungslosigkeit sein. Doch Martin entscheidet sich, lösungsorientiert vorzugehen. Er informiert sich über seine Erkrankung, sucht Spezialisten auf, die ihm bei der Behandlung helfen können, und passt seinen Lebensstil an, um seine Gesundheit zu fördern. Anstatt sich auf die Einschränkungen zu konzentrieren, stellt er sich die Frage: *"Was kann ich tun, um trotz dieser Diagnose ein erfülltes Leben zu führen?"*

7. **Zeitmanagement bei Stress:**

   Leonie hat das Gefühl, dass sie bei der Arbeit und in ihrem Privatleben nicht genug Zeit hat, um alles zu bewältigen. Statt sich überfordert zu fühlen und in Stress zu verfallen, setzt sie sich hin und entwickelt einen klaren Plan. Sie priorisiert ihre Aufgaben und fragt sich: *"Welche Aufgaben kann ich delegieren oder später erledigen?"* Indem sie ihre Zeit effizienter verwaltet und sich auf das Machbare konzentriert, fühlt sie sich weniger gestresst und hat das Gefühl, die Kontrolle zurückzugewinnen.

8. **Familienkonflikte:**

   In Marias Familie gibt es einen großen Streit über die Pflege der alternden Eltern. Anstatt den Konflikt weiter eskalieren zu lassen, entscheidet sich Maria für einen lösungsorientierten Ansatz. Sie schlägt vor, sich zusammenzusetzen und die Aufgaben fair aufzuteilen. Sie moderiert das Gespräch, sodass jeder seine Meinung äußern kann, und findet gemeinsam mit ihren Geschwistern eine Lösung, die alle entlastet und die Pflege der Eltern sicherstellt. Ihr Fokus liegt darauf, konstruktiv zu handeln, statt sich in Schuldzuweisungen zu verlieren.

9. **Schul- oder Studienprobleme:**

   Paul hat Schwierigkeiten in der Schule und bekommt schlechte Noten in einem wichtigen Fach. Ein pessimistischer Ansatz könnte ihn dazu bringen, zu denken, dass er nicht gut genug ist. Stattdessen entscheidet er sich für eine lösungsorientierte Haltung. Er spricht mit seinem Lehrer, um gezielte Unterstützung zu erhalten, und erstellt gemeinsam mit seinen Eltern einen Lernplan. Er denkt nicht nur daran, was schiefgegangen ist, sondern konzentriert sich darauf, wie er seine Leistung durch zusätzliche Anstrengungen und Struktur verbessern kann.

10. Wetterbedingte Planänderungen:

Sarah plant seit Wochen ein großes Outdoor-Event, doch am Tag der Veranstaltung regnet es. Anstatt sich frustriert darüber zu ärgern, dass die Pläne durch das Wetter ruiniert wurden, sucht Sarah nach einer Lösung. Sie kontaktiert ihre Gäste, um einen alternativen Indoor-Standort zu organisieren, und passt das Programm an die neuen Umstände an. Ihre Lösungsorientierung sorgt dafür, dass die Veranstaltung ein Erfolg wird, obwohl die äußeren Bedingungen nicht ideal waren.

Diese Beispiele verdeutlichen, wie lösungsorientiertes Denken in verschiedenen Lebensbereichen angewendet werden kann, um handlungsfähig zu bleiben und in herausfordernden Situationen positive Schritte zu unternehmen. Anstatt sich auf das Problem zu fokussieren, richten lösungsorientierte Menschen ihren Blick auf das, was sie konkret tun können, um voranzukommen – egal wie klein oder groß der Schritt ist.

Selbstwirksamkeit – Vertrauen in die eigene Kraft

Selbstwirksamkeit ist das Vertrauen in die eigene Fähigkeit, Herausforderungen zu bewältigen und Ziele zu erreichen. Sie ist der Glaube daran, dass man durch eigene Anstrengung und Handeln Einfluss auf das eigene Leben und die Ergebnisse seiner Handlungen nehmen kann. Dieses Vertrauen in die eigene Kraft ist eine zentrale Säule der Resilienz, da es uns befähigt, auch in schwierigen Situationen aktiv zu bleiben und Probleme zu meistern, anstatt uns von ihnen überwältigen zu lassen. Der Begriff Selbstwirksamkeit geht auf den Psychologen Albert Bandura zurück, der herausfand, dass Menschen, die an ihre Fähigkeit glauben, Aufgaben zu bewältigen, tendenziell erfolgreicher und widerstandsfähiger sind. Sie haben ein starkes Gefühl der Kontrolle über ihr Leben, was ihnen ermöglicht, auch in schwierigen oder unsicheren Zeiten handlungsfähig zu bleiben. Diese Menschen sehen Herausforderungen nicht als Bedrohung, sondern als Chance, ihre Fähigkeiten unter Beweis zu stellen und zu wachsen. Ein Beispiel für Selbstwirksamkeit im Alltag ist ein Schüler, der vor einer schwierigen Prüfung steht. Ein Schüler mit starkem Selbstwirksamkeitsgefühl glaubt daran, dass er durch Fleiß und gute Vorbereitung erfolgreich sein kann. Auch wenn die Aufgabe schwer erscheint, vertraut er auf seine Fähigkeiten und arbeitet zielgerichtet auf die Prüfung hin. Ein Schüler mit einem schwachen Selbstwirksamkeitsgefühl hingegen könnte die Prüfung als zu schwierig ansehen und vorzeitig aufgeben, weil er nicht an seine Fähigkeit glaubt, sie zu bestehen. Selbstwirksamkeit ist entscheidend, weil sie unser Verhalten und unsere Einstellung in herausfordernden Situationen bestimmt. Menschen mit einem hohen Selbstwirksamkeitsgefühl handeln proaktiv: Sie suchen nach Lösungen, setzen sich Ziele und arbeiten kontinuierlich daran, diese zu erreichen. Sie lassen sich von Rückschlägen nicht entmutigen, sondern betrachten sie als Teil des Lernprozesses. Ein gutes Beispiel dafür ist eine Person, die im Berufsleben auf Hindernisse stößt – etwa eine verlorene Beförderung oder ein gescheitertes Projekt. Anstatt sich von dieser Erfahrung demotivieren zu lassen, vertraut sie auf ihre Fähigkeiten, aus dem Rückschlag zu lernen und beim nächsten Mal besser vorbereitet zu sein. Ein weiteres Beispiel ist der Umgang mit Veränderungen. Menschen mit starkem Selbstwirksamkeitsgefühl passen sich leichter an neue Situationen an. Nehmen wir an, jemand verliert unerwartet seinen Job. Anstatt in eine Krise zu stürzen, vertraut die Person darauf, dass sie durch eigene Anstrengungen und Fähigkeiten wieder eine Anstellung finden wird. Sie beginnt, aktiv nach neuen Jobmöglichkeiten zu suchen, ihren Lebenslauf zu aktualisieren und Vorstellungsgespräche vorzubereiten. Ihr Glaube an die eigene Kraft treibt sie an, statt sich in

Selbstzweifeln zu verlieren. Selbstwirksamkeit wird nicht nur durch Erfolge gestärkt, sondern auch durch kleine Fortschritte. Indem wir uns realistische Ziele setzen und sie erreichen, bauen wir Vertrauen in unsere Fähigkeiten auf. Stell dir vor, du hast das Ziel, regelmäßig Sport zu treiben, aber dir fehlt oft die Motivation. Du beginnst klein: Anstatt dich sofort auf ein intensives Training festzulegen, startest du mit 15 Minuten Bewegung pro Tag. Jedes Mal, wenn du dein kleines Ziel erreichst, stärkt es dein Vertrauen in deine Fähigkeit, deine Vorsätze umzusetzen. Mit der Zeit kannst du die Intensität oder Dauer steigern, und dein Selbstwirksamkeitsgefühl wächst mit jedem Erfolg.

Es gibt auch viele Beispiele aus der Psychologie, die zeigen, wie entscheidend Selbstwirksamkeit in Stresssituationen ist. Menschen, die an ihre Fähigkeit glauben, mit Stress umzugehen, bewältigen stressige Ereignisse besser als solche, die sich hilflos fühlen. Nehmen wir das Beispiel eines Managers, der unter großem Arbeitsdruck steht. Ein Manager mit starkem Selbstwirksamkeitsgefühl vertraut darauf, dass er durch gute Organisation und klare Kommunikation die Herausforderungen meistern kann. Er teilt Aufgaben, setzt Prioritäten und sucht aktiv nach Wegen, um den Stress zu reduzieren. Sein Selbstvertrauen in seine eigenen Fähigkeiten hilft ihm, den Überblick zu behalten und effektiv zu handeln. Ein weiteres zentrales Element der Selbstwirksamkeit ist die Fähigkeit, Rückschläge zu verkraften. Rückschläge sind unvermeidlich, aber Menschen mit starkem Selbstwirksamkeitsgefühl lassen sich davon nicht entmutigen. Sie sehen Misserfolge nicht als Zeichen des Scheiterns, sondern als Gelegenheit zum Lernen. Nehmen wir zum Beispiel eine Person, die versucht, ein eigenes Unternehmen zu gründen. Nach mehreren gescheiterten Versuchen bleibt sie dennoch überzeugt, dass sie mit der richtigen Strategie und harter Arbeit Erfolg haben wird. Diese Überzeugung hält sie davon ab, aufzugeben, und treibt sie an, aus den Fehlern zu lernen und es erneut zu versuchen.

Selbstwirksamkeit beeinflusst auch unsere Bereitschaft, neue Herausforderungen anzunehmen. Menschen mit hohem Selbstwirksamkeitsgefühl zögern nicht, aus ihrer Komfortzone herauszutreten. Sie wissen, dass sie durch Anstrengung und Lernen neue Fähigkeiten entwickeln können, die ihnen helfen, erfolgreich zu sein. Stell dir vor, du hast die Möglichkeit, eine neue Aufgabe im Job zu übernehmen, für die du noch keine Erfahrung hast. Ein Mensch mit starker Selbstwirksamkeit wird sich dieser Aufgabe stellen, weil er darauf vertraut, dass er die notwendigen Fähigkeiten erlernen kann. Diese Haltung ermöglicht persönliches und berufliches Wachstum, da sie die Bereitschaft fördert, neue Herausforderungen anzunehmen. Wie lässt sich Selbstwirksamkeit stärken? Eine Möglichkeit besteht darin, sich bewusst an vergangene Erfolge zu erinnern. Denke an Situationen, in denen du eine Herausforderung gemeistert hast, obwohl du anfangs Zweifel hattest. Diese Erfahrungen helfen dir, Vertrauen in deine Fähigkeiten aufzubauen. Außerdem hilft es, sich realistische Ziele zu setzen und diese Schritt für Schritt zu erreichen. Jeder kleine Erfolg stärkt dein Selbstvertrauen und zeigt dir, dass du in der Lage bist, Fortschritte zu machen. Ein weiterer wichtiger Punkt ist die Unterstützung durch andere. Ermutigung und positives Feedback von Freunden, Familie oder Kollegen können das Selbstwirksamkeitsgefühl erheblich stärken. Wenn andere an dich glauben und dir zutrauen, Herausforderungen zu meistern, wirkt sich das positiv auf dein eigenes Selbstbild aus. Du beginnst, mehr Vertrauen in deine Fähigkeiten zu entwickeln, weil du weißt, dass du nicht allein bist und auf Unterstützung zählen kannst.

Zusammengefasst ist Selbstwirksamkeit der Schlüssel zu einem aktiven, erfüllten Leben. Sie gibt uns das Vertrauen, dass wir durch unsere Handlungen positive Veränderungen bewirken können, und ermutigt uns, Herausforderungen mit Zuversicht und Tatkraft anzugehen. Indem wir an unsere eigene Kraft glauben, entwickeln wir die innere Stärke, Rückschläge zu verkraften und unser Leben aktiv zu gestalten.

Beispiele für ein besseres Verständnis:

1. **Berufliche Herausforderung:**

Lena arbeitet seit einigen Jahren in ihrem Job, als sie plötzlich die Gelegenheit bekommt, ein großes Projekt zu leiten. Obwohl sie anfangs unsicher ist, ob sie dieser Aufgabe gewachsen ist, erinnert sie sich an ähnliche Situationen in der Vergangenheit, in denen sie durch harte Arbeit und strategisches Vorgehen erfolgreich war. Ihr starkes Selbstwirksamkeitsgefühl motiviert sie, die Herausforderung anzunehmen. Sie glaubt fest daran, dass sie durch gute Planung und ihre Fähigkeiten das Projekt erfolgreich umsetzen kann.

2. **Gesundheitsziele erreichen:**

David hat beschlossen, seine Fitness zu verbessern und regelmäßig ins Fitnessstudio zu gehen. Anstatt sich von der Größe des Ziels überwältigen zu lassen, setzt er sich kleine, erreichbare Ziele – zum Beispiel dreimal pro Woche zu trainieren. Jedes Mal, wenn er diese Ziele erreicht, fühlt er sich stärker und selbstbewusster in seiner Fähigkeit, langfristig fitter zu werden. Sein Selbstwirksamkeitsgefühl wächst mit jedem Erfolg, und er bleibt motiviert, sich weiter zu steigern.

3. **Lernfortschritte in der Schule:**

   Sophie hat Schwierigkeiten in Mathematik und denkt anfangs, dass sie einfach nicht gut in dem Fach ist. Doch nachdem sie anfängt, gezielt zu üben, kleine Erfolge erzielt und positive Rückmeldungen von ihrem Lehrer erhält, beginnt sie, Vertrauen in ihre Fähigkeit zu entwickeln, Mathematik zu meistern. Ihr Selbstwirksamkeitsgefühl wächst mit jedem bestandenen Test, und sie merkt, dass sie durch Übung und Anstrengung ihre Fähigkeiten verbessern kann.

4. **Karrierewechsel:**

   Thomas ist Mitte 30 und fühlt sich in seinem aktuellen Job nicht mehr erfüllt. Er beschließt, sich in einem völlig neuen Bereich weiterzubilden. Obwohl er keine Erfahrung in diesem Gebiet hat, vertraut er auf seine Fähigkeit, Neues zu lernen und sich weiterzuentwickeln. Er beginnt mit einer Fortbildung und wendet sich an Mentoren in der Branche, um Ratschläge zu bekommen. Sein starkes Selbstwirksamkeitsgefühl gibt ihm die Zuversicht, dass er den Übergang erfolgreich meistern wird.

5. **Familienorganisation:**

   Sandra hat drei Kinder und jongliert mit einem vollen Arbeits- und Familienkalender. Trotz der vielen Anforderungen bleibt sie zuversichtlich, dass sie alles gut managen kann, weil sie in der Vergangenheit ähnliche Herausforderungen bewältigt hat. Sie organisiert die täglichen Aufgaben, delegiert bestimmte Aufgaben an ihre Kinder und nutzt Checklisten, um den Überblick zu behalten. Ihr Selbstwirksamkeitsgefühl lässt sie glauben, dass sie in der Lage ist, trotz der vielen Anforderungen ein gutes Gleichgewicht zu finden.

6. **Soziales Engagement:**

Markus ist ehrenamtlich in seiner Gemeinde tätig und wird gebeten, ein großes Event zu organisieren. Obwohl er so etwas noch nie gemacht hat, vertraut er auf seine Fähigkeiten im Bereich Organisation und Kommunikation. Sein Glaube an seine Selbstwirksamkeit motiviert ihn, sich der Herausforderung zu stellen, Hilfe von anderen Freiwilligen anzunehmen und die Veranstaltung erfolgreich zu organisieren. Durch diese Erfahrung wird sein Vertrauen in seine Fähigkeit, schwierige Aufgaben zu meistern, weiter gestärkt.

7. **Persönliche Veränderung:**

Laura möchte ihre Ernährung umstellen und gesünder leben. Sie setzt sich kleine Ziele, wie jeden Tag mehr Wasser zu trinken und schrittweise mehr Gemüse in ihre Mahlzeiten einzubauen. Jedes Mal, wenn sie eines ihrer Ziele erreicht, fühlt sie sich bestärkt in ihrer Fähigkeit, positive Veränderungen in ihrem Leben herbeizuführen. Diese kleinen Erfolge erhöhen ihr Selbstwirksamkeitsgefühl und motivieren sie, weiterhin gesunde Gewohnheiten zu etablieren.

8. **Krisenbewältigung:**

Max erlebt eine schwierige Zeit nach einer Trennung und denkt anfangs, dass er nie darüber hinwegkommen wird. Doch er vertraut auf seine emotionale Widerstandskraft, die er in früheren Herausforderungen aufgebaut hat. Er erinnert sich daran, wie er in der Vergangenheit schwere Zeiten durchgestanden hat, und ist überzeugt, dass er auch diese Krise meistern wird. Er sucht aktiv nach Wegen, um seine emotionale Gesundheit zu unterstützen, wie etwa Gespräche mit Freunden oder professionelle Beratung. Sein Selbstwirksamkeitsgefühl gibt ihm die Zuversicht, dass er die Trennung verarbeiten und gestärkt daraus hervorgehen wird.

9. **Technologische Herausforderungen:**

Paul arbeitet in einem Unternehmen, das neue Software einführt. Viele Kollegen sind skeptisch und haben Angst vor den Veränderungen. Paul hingegen glaubt daran, dass er durch Schulungen und Übung die neuen Programme lernen kann. Er stellt sich den Herausforderungen, besucht Schulungen und probiert die Software aus. Sein Glaube an seine Lernfähigkeit hilft ihm, den Übergang schnell zu bewältigen, während andere sich von der Veränderung überfordert fühlen.

10. **Konflikte im Freundeskreis lösen:**

    Maria hat eine Meinungsverschiedenheit mit einer engen Freundin. Anstatt sich zurückzuziehen und den Konflikt zu ignorieren, vertraut sie auf ihre Fähigkeit, durch ein offenes Gespräch die Beziehung zu reparieren. Ihr Selbstwirksamkeitsgefühl lässt sie glauben, dass sie durch Kommunikation und Verständnis die Freundschaft retten kann. Sie spricht das Problem an, findet eine Lösung mit ihrer Freundin und stärkt dadurch die Beziehung.

Diese Beispiele verdeutlichen, dass Selbstwirksamkeit in den unterschiedlichsten Lebensbereichen eine zentrale Rolle spielt. Das Vertrauen in die eigene Fähigkeit, Ziele zu erreichen oder Probleme zu lösen, sorgt dafür, dass Menschen aktiv und zuversichtlich handeln, anstatt sich von Herausforderungen überwältigen zu lassen. Selbstwirksamkeit entsteht durch Erfahrung, kleine Erfolge und den Glauben daran, dass man durch eigene Anstrengung die gewünschten Ergebnisse erreichen kann.

Soziale Unterstützung – Die Kraft von Gemeinschaft und Beziehungen

Soziale Unterstützung ist ein zentraler Baustein der Resilienz. Menschen sind soziale Wesen, und in Zeiten der Not oder Herausforderung gibt es kaum etwas Wertvolleres als ein starkes Netzwerk aus Familie, Freunden, Kollegen oder anderen Menschen, die uns emotional und praktisch zur Seite stehen. Diese Verbindungen geben uns Halt, motivieren uns und bieten oft die Kraft, um durch schwierige Zeiten zu navigieren. Resilienz entsteht nicht nur aus innerer Stärke, sondern auch aus der Fähigkeit, Hilfe anzunehmen und von der Stärke anderer zu profitieren. Die Forschung zeigt, dass soziale Unterstützung einen entscheidenden Einfluss auf unsere Gesundheit und unser Wohlbefinden hat. Menschen, die in schwierigen Zeiten auf ein stabiles Netzwerk zurückgreifen können, bewältigen Stress und Krisen oft besser als diejenigen, die isoliert sind. Soziale Unterstützung wirkt wie ein Puffer, der die negativen Auswirkungen von Belastungen mindert und uns hilft, schneller wieder auf die Beine zu kommen. Ein klassisches Beispiel für die Kraft der sozialen Unterstützung ist der Umgang mit Trauer. Wenn jemand einen geliebten Menschen verliert, ist der Schmerz oft überwältigend. Doch durch das Teilen dieses Schmerzes mit Freunden oder der Familie, durch Gespräche, Umarmungen oder einfach die Anwesenheit anderer, wird die Last erträglicher. Der Verlust bleibt, aber das Gefühl, nicht allein zu sein, macht es einfacher, den Schmerz zu verarbeiten. Die emotionale Unterstützung hilft, den Kummer zu bewältigen und in der Trauer wieder Hoffnung zu finden.

Soziale Unterstützung geht jedoch weit über emotionale Hilfe hinaus. Sie umfasst auch praktische Unterstützung, die in Krisensituationen entscheidend sein kann. Stell dir vor, du steckst mitten in einem beruflichen Projekt fest und weißt nicht weiter. Ein Kollege, der dir seine Expertise anbietet, kann den entscheidenden Unterschied machen. Oder vielleicht erlebst du eine schwierige Zeit in der Familie, und ein Freund bietet an, dir bei der Kinderbetreuung zu helfen. Diese kleinen, aber bedeutenden Handlungen zeigen, wie Menschen in Gemeinschaften zusammenarbeiten, um Herausforderungen zu meistern.

Ein weiteres Beispiel für die Kraft der sozialen Unterstützung ist das Arbeitsumfeld. Stell dir vor, du befindest dich in einer neuen Arbeitsstelle, die dir viele Unsicherheiten und Stress bereitet. Ein Mentor oder unterstützende Kollegen, die dir ihre Hilfe anbieten, können einen enormen Unterschied machen. Sie geben dir das Gefühl, nicht allein mit den neuen Anforderungen konfrontiert zu sein, und durch ihre Unterstützung lernst du schneller, Aufgaben zu bewältigen und dich sicherer in deiner neuen Rolle zu fühlen.

Es ist jedoch wichtig zu betonen, dass soziale Unterstützung eine wechselseitige Beziehung ist. Es geht nicht nur darum, in schwierigen Zeiten Hilfe zu empfangen, sondern auch darum, anderen Unterstützung zu geben. Diese gegenseitige Hilfe stärkt nicht nur unsere sozialen Bindungen, sondern auch unser eigenes Gefühl der Verbundenheit und Zugehörigkeit. Menschen, die anderen helfen, erleben oft ein gesteigertes Gefühl der Zufriedenheit und des Wohlbefindens, weil sie wissen, dass sie einen positiven Unterschied im Leben anderer machen. Diese Form der sozialen Interaktion stärkt nicht nur die Resilienz des Einzelnen, sondern auch die der gesamten Gemeinschaft. Ein Beispiel für diese gegenseitige Unterstützung könnte eine Gruppe von Freunden sein, die sich in regelmäßigen Abständen trifft, um über ihre beruflichen und persönlichen Herausforderungen zu sprechen. Jeder bietet dem anderen Rat und Hilfe an, und durch diese gemeinsame Reflexion und Unterstützung fühlt sich jeder Einzelne gestärkt und sicherer in seinen Entscheidungen. Diese Art von Gemeinschaft stärkt das Selbstvertrauen jedes Mitglieds und sorgt dafür, dass sich keiner allein mit seinen Problemen fühlt.

Auch in familiären Strukturen ist soziale Unterstützung von zentraler Bedeutung. In Zeiten von familiären Krisen, wie etwa einer Krankheit oder finanziellen Schwierigkeiten, zeigt sich oft die Stärke von familiären Bindungen. Die Bereitschaft, füreinander da zu sein und gemeinsam Lösungen zu finden, stärkt die Resilienz der gesamten Familie. Ein Beispiel hierfür wäre eine Familie, die zusammenarbeitet, um die Pflege eines älteren Familienmitglieds zu organisieren. Jeder trägt einen Teil zur Lösung bei, sei es durch Zeit, finanzielle Unterstützung oder emotionale Zuwendung. Diese Zusammenarbeit hilft nicht nur dem Betroffenen, sondern stärkt die Bindung der gesamten Familie. Es gibt auch eine tiefere psychologische Wirkung, die soziale Unterstützung auf unsere Resilienz hat. Menschen, die wissen, dass sie auf andere zählen können, fühlen sich sicherer und sind eher bereit, Risiken einzugehen oder sich neuen Herausforderungen zu stellen. Das Wissen, dass man nicht allein ist, gibt einem das Vertrauen, schwierige Situationen zu meistern. Ein Beispiel dafür könnte ein Unternehmer sein, der sich entschließt, ein neues Geschäft zu gründen. Die emotionale und praktische Unterstützung seiner Familie und Freunde – sei es durch Ermutigung oder finanzielle Hilfe – gibt ihm das Vertrauen, diesen riskanten Schritt zu wagen. Das Wissen, dass man ein starkes Netzwerk hinter sich hat, macht den Unterschied.

Es gibt jedoch auch Situationen, in denen Menschen das Gefühl haben, allein zu sein oder keine ausreichende Unterstützung zu haben. In solchen Fällen ist es wichtig, aktiv nach Hilfe zu suchen. Soziale Unterstützung muss nicht immer aus dem engsten Freundes- oder Familienkreis kommen. Manchmal können Selbsthilfegruppen, Mentoren oder sogar professionelle Berater die nötige Unterstützung bieten. Ein Beispiel hierfür wäre eine Person, die sich aufgrund von Depressionen oder einer schwierigen Lebenssituation isoliert fühlt. Der Schritt, sich einer Selbsthilfegruppe anzuschließen oder professionelle Unterstützung zu suchen, kann der Anfang eines neuen, stärkenden Netzwerks sein, das hilft, die Krise zu bewältigen. In einer vernetzten Welt ist soziale Unterstützung nicht mehr auf physische Nähe beschränkt. Online-Communities und soziale Netzwerke bieten ebenfalls Möglichkeiten, Hilfe und Unterstützung zu finden. Menschen, die sich vielleicht geografisch getrennt fühlen oder in ihrer direkten Umgebung keine Unterstützung haben, können online Menschen finden, die ähnliche Erfahrungen machen oder bereit sind zu helfen. Dies erweitert den Zugang zu sozialer Unterstützung und zeigt, dass wir heute mehr Möglichkeiten denn je haben, uns mit anderen zu verbinden.

Zusammengefasst ist soziale Unterstützung nicht nur eine Quelle der Stärke in Krisenzeiten, sondern auch ein wesentlicher Bestandteil eines erfüllten und resilienzfähigen Lebens. Gemeinschaft und Beziehungen geben uns Sicherheit, Hoffnung und das Vertrauen, dass wir Herausforderungen nicht allein bewältigen müssen. Indem wir Unterstützung suchen, aber auch bereit sind, anderen zu helfen, bauen wir Netzwerke auf, die uns durch die schwierigsten Zeiten tragen können.

Beispiele für ein besseres Verständnis:

1. **Berufliche Unterstützung:**

   Max hat einen neuen Job in einem anspruchsvollen Unternehmen begonnen. Die Einarbeitungsphase ist schwieriger, als er erwartet hat, und er fühlt sich überfordert. Doch ein erfahrener Kollege bietet ihm Unterstützung an, erklärt die Arbeitsprozesse und gibt ihm Tipps, wie er seine Aufgaben effizienter bewältigen kann. Diese praktische Hilfe gibt Max das Gefühl, nicht allein zu sein, und stärkt sein Vertrauen in seine eigenen Fähigkeiten. Durch die Unterstützung seines Kollegen wächst Max schneller in seine Rolle hinein und fühlt sich weniger gestresst.

2. **Emotionale Unterstützung nach einem Verlust:**

   Clara hat gerade einen geliebten Menschen verloren und fühlt sich tieftraurig und überwältigt von der Trauer. Ihre Freundinnen nehmen sie in den Arm, hören ihr zu und laden sie ein, Zeit mit ihnen zu verbringen. Diese emotionale Unterstützung gibt Clara das Gefühl, dass sie nicht allein durch diesen schweren Verlust gehen muss. Die Möglichkeit, ihre

Gefühle mit anderen zu teilen, hilft ihr, den Schmerz zu verarbeiten und langsam wieder in den Alltag zurückzufinden.

3. **Praktische Unterstützung in schwierigen Zeiten:**

   Nina ist alleinerziehende Mutter und hat kürzlich ihre Arbeit verloren. Neben der emotionalen Belastung, sich um ihre Kinder zu kümmern, ist sie auch finanziell stark unter Druck. Ihre Familie und Freunde springen ein, indem sie ihr bei der Kinderbetreuung helfen und ihr bei der Suche nach neuen Jobmöglichkeiten Unterstützung anbieten. Diese praktische Hilfe gibt Nina die Zeit und den Raum, sich auf ihre Jobsuche zu konzentrieren und ihre finanziellen Herausforderungen zu bewältigen.

4. **Gemeinschaftliche Unterstützung in der Pflege:**

   Michael und seine Geschwister müssen sich um die Pflege ihrer alternden Eltern kümmern. Anstatt dass nur eine Person die gesamte Verantwortung übernimmt, teilen sie sich die Aufgaben. Einer kümmert sich um die finanziellen Belange, ein anderer hilft bei der täglichen Pflege, und der dritte organisiert Arztbesuche. Diese gemeinsame Verantwortung nimmt den Druck von jedem Einzelnen und sorgt dafür, dass niemand sich überfordert fühlt. Die Familie wächst durch die gemeinsame Unterstützung enger zusammen, und die Eltern erhalten die bestmögliche Pflege.

5. **Mentor im Arbeitsleben:**

Lukas ist in seiner Karriere aufgestiegen und hat nun eine Führungsposition, in der er sich unsicher fühlt. Ein erfahrener Kollege wird zu seinem Mentor und gibt ihm Ratschläge, wie er sein Team am besten führen kann. Durch diese Unterstützung gewinnt Lukas mehr Selbstvertrauen und entwickelt sich schneller in seiner neuen Rolle. Der Mentor hilft ihm, Fehler zu vermeiden und sich auf die wichtigen Aspekte seiner Führungsaufgabe zu konzentrieren.

6. **Selbsthilfegruppe:**

Lisa hat mit Angstzuständen zu kämpfen und fühlt sich oft allein mit ihrem Problem. Sie schließt sich einer Selbsthilfegruppe an, in der Menschen mit ähnlichen Herausforderungen ihre Erfahrungen teilen. Die Gruppe bietet ihr einen Raum, um ihre Ängste zu besprechen, und gibt ihr das Gefühl, verstanden und unterstützt zu werden. Durch den Austausch mit anderen Betroffenen lernt sie neue Bewältigungsstrategien und fühlt sich weniger isoliert.

7. **Unterstützung in der Schule:**

Tom, ein Schüler, hat Schwierigkeiten in Mathematik. Seine Mitschüler bieten ihm an, gemeinsam zu lernen und ihm zu helfen, die schwierigen Themen zu verstehen. Durch diese Lernunterstützung wird Tom nicht nur besser in Mathematik, sondern entwickelt auch ein größeres Selbstvertrauen in seine schulischen Fähigkeiten. Die Unterstützung seiner Freunde motiviert ihn, weiterhin hart zu arbeiten und nicht aufzugeben.

8. **Unterstützung in einer Beziehungskrise:**

   Anna und ihr Partner durchleben eine schwierige Phase in ihrer Beziehung. Anstatt alles allein zu verarbeiten, sprechen sie mit einem befreundeten Paar, das ähnliche Herausforderungen gemeistert hat. Die Ratschläge und das Verständnis ihrer Freunde helfen Anna und ihrem Partner, ihre eigenen Probleme besser zu verstehen und gemeinsam nach Lösungen zu suchen. Durch diese Unterstützung gelingt es ihnen, ihre Beziehung zu stärken und die Krise zu überwinden.

9. **Krisenbewältigung in der Arbeitswelt:**

   Ein kleines Team in einem Start-up steht vor großen Herausforderungen, als ein wichtiges Projekt scheitert. Anstatt in Frustration zu verfallen, setzen sich die Teammitglieder zusammen, um die Situation zu besprechen und sich gegenseitig zu motivieren. Jeder bringt Ideen ein, wie das Projekt gerettet werden kann, und bietet seine Unterstützung an, um die Last auf mehrere Schultern zu verteilen. Durch diese kollektive Anstrengung schaffen sie es, das Projekt zu überarbeiten und letztlich erfolgreich abzuschließen.

10. **Online-Unterstützung in Zeiten der Isolation:**

    Während der COVID-19-Pandemie fühlte sich Sophie oft isoliert, da sie von zu Hause aus arbeiten musste und der persönliche Kontakt zu Freunden fehlte. Sie trat einer Online-Community bei, in der Menschen ihre Erfahrungen mit der Isolation teilten und sich gegenseitig unterstützten. Durch virtuelle Gespräche, Gruppentreffen und Online-Aktivitäten fühlte sie sich weniger allein. Die emotionale Unterstützung dieser Online-Community half ihr, ihre Isolation zu überwinden und sich weiterhin verbunden zu fühlen.

Diese Beispiele zeigen, wie soziale Unterstützung in vielen verschiedenen Formen auftreten kann – emotional, praktisch, durch Gemeinschaft oder Online-Interaktionen. Sie alle verdeutlichen, wie wichtig es ist, auf die Stärke der Gemeinschaft zurückzugreifen, um Herausforderungen zu bewältigen, und wie gegenseitige Unterstützung uns hilft, resilienter zu werden. Soziale Unterstützung gibt uns die Kraft, auch in schwierigen Zeiten nicht aufzugeben und zuversichtlich voranzugehen.

Zukunftsorientierung – Ziele setzen und motiviert bleiben

Zukunftsorientierung ist eine Schlüsselkomponente der Resilienz. Sie bedeutet, dass wir nicht nur in der Gegenwart agieren, sondern auch bewusst nach vorne schauen, um uns auf das zu konzentrieren, was wir erreichen wollen. Menschen mit einer klaren Zukunftsorientierung setzen sich Ziele, entwickeln einen Plan und bleiben motiviert, selbst wenn Hindernisse auftauchen. Diese Ausrichtung gibt uns die nötige Richtung und Motivation, um Herausforderungen zu meistern und langfristig Erfolg und Erfüllung zu finden. Ziele geben unserem Leben Struktur und Bedeutung. Sie bieten uns etwas, auf das wir hinarbeiten können, und helfen uns, schwierige Zeiten zu überstehen, indem sie uns ein klares Ziel vor Augen führen. Wenn wir in einer Krise stecken, kann es leicht passieren, dass wir den Blick nur auf das Problem richten und uns darin verlieren. Zukunftsorientierte Menschen hingegen richten ihre Aufmerksamkeit darauf, was sie langfristig erreichen möchten, und nutzen dies als Motivation, um aktiv zu bleiben und Lösungen zu finden. Ein klassisches Beispiel ist der berufliche Werdegang. Wenn jemand eine langfristige Vision für seine Karriere hat – sei es eine bestimmte Position, ein eigenes Unternehmen oder eine Weiterbildung – wird diese Person auch in schwierigen

Phasen, wie etwa bei einem Jobverlust oder beruflichen Rückschlägen, motiviert bleiben. Ein zukunftsorientierter Mensch sieht das große Ganze und bleibt trotz kurzfristiger Rückschläge auf Kurs. Er nutzt diese Hindernisse als Gelegenheit, sich weiterzuentwickeln und neue Wege zu finden, um das gesetzte Ziel zu erreichen.

Zukunftsorientierung bedeutet jedoch nicht, blind in die Zukunft zu stürmen. Es geht darum, realistische Ziele zu setzen und diese in kleinere, erreichbare Schritte zu unterteilen. Menschen, die langfristig motiviert bleiben, wissen, dass große Ziele Geduld und Durchhaltevermögen erfordern. Sie belohnen sich für kleine Fortschritte und bleiben dadurch positiv gestimmt, selbst wenn das große Ziel noch in weiter Ferne liegt. Ein Beispiel könnte jemand sein, der plant, einen Marathon zu laufen. Anstatt sich nur auf das Endziel zu fokussieren, konzentriert er sich auf den Aufbau seiner Fitness durch tägliches Training und feiert jeden Schritt auf dem Weg, sei es das Erreichen einer bestimmten Laufdistanz oder einer neuen persönlichen Bestzeit.

Ein weiterer wichtiger Aspekt der Zukunftsorientierung ist die Anpassungsfähigkeit. Manchmal können unsere ursprünglichen Pläne durch unvorhersehbare Ereignisse durchkreuzt werden. Ein Beispiel könnte ein plötzlicher gesundheitlicher Rückschlag sein, der einen daran hindert, ein sportliches Ziel zu erreichen. Ein zukunftsorientierter Mensch wird in dieser Situation seine Ziele anpassen, aber nicht aufgeben. Vielleicht muss er das Trainingsziel verschieben oder alternative Methoden finden, um seine Fitness aufrechtzuerhalten. Die Fähigkeit, flexibel zu bleiben und sich auf neue Umstände einzustellen, hilft dabei, langfristig motiviert zu bleiben und das Ziel nicht aus den Augen zu verlieren. Zukunftsorientierung bedeutet auch, das große Ganze im Auge zu behalten. Wenn wir langfristige Ziele haben, sind wir oft bereit, kurzfristige Opfer zu bringen, um diese zu erreichen. Ein Student, der weiß, dass er ein bestimmtes Studium abschließen möchte, wird sich auch in stressigen Prüfungsphasen motiviert fühlen, weil er das Ziel vor Augen hat: den Abschluss und die damit verbundenen beruflichen Chancen. Selbst wenn der Weg hart ist, bleibt die langfristige Vision ein Motivator, der die Person durch schwierige Phasen trägt.

Motivation aufrechtzuerhalten ist jedoch nicht immer leicht. Es gibt Zeiten, in denen Rückschläge oder langsame Fortschritte uns entmutigen können. In solchen Momenten hilft es, sich an den ursprünglichen Grund zu erinnern, warum man das Ziel überhaupt gesetzt hat. Ein zukunftsorientierter Mensch fragt sich: *"Warum ist mir dieses Ziel wichtig?"* Indem man sich immer wieder an die eigene Motivation erinnert – sei es, um eine bestimmte Lebensqualität zu erreichen, die Familie zu unterstützen oder persönliche Träume zu verwirklichen – gewinnt man neue Energie und Zuversicht, auch in schwierigen Zeiten weiterzumachen. Ein weiteres Beispiel für Zukunftsorientierung könnte im Bereich der finanziellen Planung liegen. Menschen, die ein langfristiges Sparziel haben – zum Beispiel der Kauf eines Hauses oder das Sparen für den Ruhestand – sind eher bereit, kurzfristige Ausgaben zu minimieren und einen Teil ihres Einkommens zurückzulegen. Das langfristige Ziel bietet ihnen eine klare Motivation, um diszipliniert zu bleiben, selbst wenn der Verzicht auf bestimmte Ausgaben oder Aktivitäten zunächst schwierig erscheint. Der Fokus auf die zukünftigen Vorteile überwiegt den kurzfristigen Verzicht.

Zukunftsorientierung bedeutet auch, dass wir uns bewusst machen, wie unsere heutigen Entscheidungen unsere Zukunft beeinflussen. Dies gilt nicht nur für berufliche oder finanzielle Ziele, sondern auch für unsere Gesundheit und unser Wohlbefinden. Ein Mensch, der langfristig gesund bleiben möchte, wird Entscheidungen treffen, die diesem Ziel dienlich sind – sei es regelmäßige Bewegung, eine ausgewogene Ernährung oder ausreichend Schlaf. Diese tägliche Auseinandersetzung mit der Zukunft hält die Motivation aufrecht, auch in schwierigen Zeiten gesunde Entscheidungen zu treffen. Ein weiteres Beispiel für Zukunftsorientierung kann im zwischenmenschlichen Bereich liegen. Eine Person, die langfristig eine starke und gesunde Beziehung führen möchte, wird auch in schwierigen Phasen bereit sein, an der Beziehung zu arbeiten, statt aufzugeben. Sie wird Konflikte als temporäre Herausforderungen betrachten und daran glauben, dass es sich lohnt, für die langfristige Beziehung zu kämpfen. Die Zukunftsvision einer glücklichen Partnerschaft motiviert sie, in den aktuellen Schwierigkeiten geduldig und lösungsorientiert zu bleiben.

Zusammengefasst ist Zukunftsorientierung ein entscheidender Faktor für Resilienz, weil sie uns hilft, trotz Hindernissen und Herausforderungen motiviert zu bleiben. Sie gibt uns ein klares Ziel vor Augen und bietet uns die Möglichkeit, unsere Handlungen auf dieses Ziel auszurichten. Durch realistische Zielsetzungen, kleine Erfolge und die Bereitschaft, uns anzupassen, bleiben wir motiviert und zuversichtlich, selbst wenn der Weg schwierig ist. Zukunftsorientierung bedeutet, das große Ganze zu sehen und sich darauf zu fokussieren, was wir erreichen können – und das gibt uns die Kraft, auch in stürmischen Zeiten voranzukommen.

Beispiele für ein besseres Verständnis:

1. **Berufliche Entwicklung:**

   Sarah arbeitet seit einigen Jahren in ihrer aktuellen Position, aber sie hat das langfristige Ziel, eine Führungsposition zu übernehmen. Sie setzt sich klare

Etappenziele, wie etwa eine zusätzliche Weiterbildung oder den Erwerb bestimmter Fähigkeiten, die für die angestrebte Rolle notwendig sind. Auch wenn ihre aktuelle Arbeit herausfordernd und manchmal frustrierend ist, bleibt sie motiviert, weil sie die größere Vision einer beruflichen Weiterentwicklung vor Augen hat. Jede Weiterbildung und jede zusätzliche Verantwortung bringt sie ihrem langfristigen Ziel näher, was sie auch in stressigen Zeiten motiviert hält.

2. **Langfristiges Gesundheitsziel:**

Max möchte abnehmen und langfristig eine gesündere Lebensweise führen. Anstatt sich nur auf das Endziel – das Erreichen eines bestimmten Gewichts – zu konzentrieren, teilt er sein Ziel in kleinere, erreichbare Schritte auf. Er beginnt damit, seine Essgewohnheiten zu ändern, sich gesünder zu ernähren und mehr Bewegung in seinen Alltag zu integrieren. Indem er sich auf diese kleinen, täglichen Fortschritte konzentriert, bleibt Max motiviert, auch wenn die Waage nicht sofort große Veränderungen anzeigt. Er weiß, dass seine jetzigen Entscheidungen langfristig seine Gesundheit und Lebensqualität verbessern werden.

3. **Sparen für ein großes Ziel:**

Laura träumt davon, in fünf Jahren ein Haus zu kaufen. Dieses Ziel erfordert langfristige finanzielle

Disziplin. Sie erstellt einen Sparplan und verzichtet bewusst auf einige kurzfristige Ausgaben, wie etwa teure Urlaube oder den Kauf eines neuen Autos, um mehr Geld zur Seite legen zu können. Jedes Mal, wenn sie eine größere Summe auf ihrem Sparkonto sieht, fühlt sie sich bestätigt und motiviert, weiterzumachen. Ihre Zukunftsorientierung hilft ihr, sich nicht von kurzfristigen Versuchungen ablenken zu lassen, weil sie das größere Ziel im Blick behält.

4. **Karrierewechsel mit Weitblick:**

Lukas arbeitet seit Jahren in einem Bereich, der ihn nicht erfüllt, und träumt davon, einen neuen Karriereweg einzuschlagen. Er weiß, dass dieser Wechsel Zeit und Planung erfordert. Er setzt sich das Ziel, in den nächsten zwei Jahren eine berufliche Umschulung zu machen, um in einem neuen Bereich Fuß zu fassen. Während dieser Zeit hält er sich an einen strikten Plan: Er besucht abends Kurse, während er tagsüber in seinem aktuellen Job arbeitet, und nutzt sein Netzwerk, um Kontakte in der neuen Branche zu knüpfen. Auch wenn der Prozess anstrengend und langwierig ist, bleibt er motiviert, weil er sich immer wieder vor Augen führt, wie sein Leben nach dem Wechsel aussehen wird.

5. **Sportliche Herausforderung:**

Lisa hat das Ziel, in einem Jahr an einem Triathlon teilzunehmen. Sie ist sich bewusst, dass dieses Ziel umfangreiche Vorbereitungen erfordert. Anstatt sich von der Größe der Herausforderung überwältigen zu lassen, erstellt sie einen Trainingsplan, der sich auf die schrittweise Verbesserung ihrer Fähigkeiten im Schwimmen, Radfahren und Laufen konzentriert. Jedes Mal, wenn sie eine neue Distanz erreicht oder ihre Trainingszeiten verbessert, feiert sie diese kleinen Erfolge. Diese Zukunftsorientierung motiviert sie, auch in Momenten, in denen das Training hart ist oder sie Rückschläge erleidet, weiterzumachen.

6. **Akademisches Ziel:**

Tom studiert und möchte in fünf Jahren einen Doktortitel erwerben. Das Studium ist anstrengend und die Forschung langwierig, aber Tom erinnert sich immer wieder daran, warum er dieses Ziel verfolgt – um als Professor zu arbeiten und in seinem Fachgebiet einen Beitrag zu leisten. Anstatt sich von den täglichen Herausforderungen des Studiums demotivieren zu lassen, setzt er sich Zwischenziele, wie das Verfassen von Forschungsarbeiten oder das Bestehen von Prüfungen, die ihn Schritt für Schritt seinem Ziel näherbringen. Seine langfristige Vision hält ihn auch in stressigen Phasen motiviert.

7. **Beziehungsaufbau mit Zukunftsvision:**

   Anna und ihr Partner durchleben eine schwierige Phase in ihrer Beziehung. Anstatt aufzugeben, erinnert sich Anna daran, dass sie eine gemeinsame Zukunft mit ihrem Partner aufbauen möchte, und stellt sich vor, wie die Beziehung langfristig wieder harmonisch und glücklich sein kann. Diese Zukunftsvision motiviert sie, an der Beziehung zu arbeiten und konstruktive Gespräche zu führen, auch wenn es im Moment schwierig ist. Das langfristige Ziel einer stabilen Partnerschaft hilft ihr, durchzuhalten und auf Lösungen hinzuarbeiten.

8. **Finanzielles Ziel für den Ruhestand:**

   Markus hat das langfristige Ziel, mit 60 in den Ruhestand zu gehen und sich finanzielle Unabhängigkeit zu sichern. Dafür legt er monatlich einen Teil seines Gehalts in einem Rentenfonds an und verzichtet auf kurzfristige Ausgaben, die ihm unnötig erscheinen. Auch wenn das Ziel noch Jahrzehnte entfernt ist, bleibt er motiviert, weil er weiß, dass jede Einzahlung ihn seinem Ziel näherbringt. Seine Zukunftsorientierung hilft ihm, finanziell diszipliniert zu bleiben und unnötige Schulden zu vermeiden.

9. **Ziel der persönlichen Entwicklung:**

   Miriam hat sich das langfristige Ziel gesetzt, ihre emotionale Intelligenz zu verbessern, um sowohl beruflich als auch privat bessere Beziehungen zu führen. Sie setzt sich kleinere Ziele wie regelmäßiges Journaling, den Besuch von Seminaren oder das Lernen neuer Kommunikationstechniken. Diese ständige Selbstreflexion und Verbesserung stärkt ihre Motivation, weil sie weiß, dass sie langfristig von besseren zwischenmenschlichen Beziehungen und mehr emotionalem Wohlbefinden profitieren wird.

10. **Gesundheit und Wohlbefinden im Alter:**

    Florian denkt langfristig über seine Gesundheit nach. Er setzt sich das Ziel, auch im Alter noch aktiv und gesund zu bleiben. Dafür integriert er heute schon Bewegung und gesunde Ernährung in seinen Alltag. Auch wenn er jetzt noch keine akuten gesundheitlichen Probleme hat, weiß er, dass diese präventiven Maßnahmen ihm in Zukunft helfen werden, ein längeres, gesünderes Leben zu führen. Diese Zukunftsorientierung motiviert ihn, auch dann gesund zu leben, wenn es im Moment keinen unmittelbaren Nutzen zu bringen scheint.

Diese Beispiele zeigen, wie Zukunftsorientierung in verschiedenen Lebensbereichen wirkt – sei es im Beruf, in der Gesundheit, in Beziehungen oder in der persönlichen Entwicklung. Menschen mit einer klaren Vision und realistischen Zwischenzielen bleiben motiviert, auch wenn sie auf Hindernisse stoßen. Die Fähigkeit, langfristige Ziele zu verfolgen und kurzfristige Rückschläge zu überstehen, stärkt ihre Resilienz und führt sie schrittweise zum Erfolg.

Resilienz im Alltag anwenden

Resilienz ist mehr als nur eine Theorie oder ein abstraktes Konzept – sie ist eine praktische Fähigkeit, die uns in unserem täglichen Leben unterstützt. Während viele Resilienzstrategien in Zeiten großer Krisen hilfreich sind, zeigt sich ihre wahre Stärke oft im Alltag, wo kleine Herausforderungen, Stresssituationen und Rückschläge uns ebenso belasten können. Die Fähigkeit, in den täglichen Höhen und Tiefen resilient zu bleiben, gibt uns die nötige innere Stärke, um nicht nur zu überleben, sondern zu gedeihen. Der Alltag stellt uns vor vielfältige Belastungen: berufliche Anforderungen, familiäre Verpflichtungen, gesundheitliche Sorgen oder zwischenmenschliche Konflikte. Jede dieser Situationen kann Stress auslösen oder uns emotional aus dem Gleichgewicht bringen. Resiliente Menschen haben jedoch gelernt, mit diesen Herausforderungen auf eine Weise umzugehen, die ihnen hilft, stabil, ausgeglichen und optimistisch zu bleiben. Dieses Kapitel zeigt, wie Resilienz in alltäglichen Situationen angewendet werden kann. Es geht darum, die kleinen Momente zu erkennen, in denen wir unsere innere Stärke aktivieren können – sei es im Umgang mit Stress im Job, der Bewältigung von Konflikten oder dem Erhalt unseres emotionalen

Wohlbefindens. Du wirst lernen, wie du die Prinzipien der Resilienz auf die kleinen und großen Herausforderungen deines Alltags anwenden kannst, um gelassener, lösungsorientierter und positiver zu handeln.

Resilienz in der Arbeitswelt

Die moderne Arbeitswelt ist von ständigem Wandel, hohen Erwartungen und oft erheblichem Druck geprägt. Von Deadlines und Arbeitsbelastung bis hin zu unerwarteten Herausforderungen wie Umstrukturierungen oder zwischenmenschlichen Konflikten – der Arbeitsplatz kann eine Quelle von Stress sein. Resilienz in der Arbeitswelt bedeutet, mit diesen Herausforderungen umgehen zu können, ohne dabei das eigene Wohlbefinden oder die berufliche Leistung zu opfern. Resiliente Menschen sind in der Lage, unter Druck klar zu denken, ihre Emotionen zu kontrollieren und proaktiv Lösungen zu finden, anstatt sich von Problemen überwältigen zu lassen.

1. Umgang mit Stress und Druck

Stress ist ein unvermeidbarer Bestandteil der Arbeitswelt, doch die Art und Weise, wie wir darauf reagieren, macht den Unterschied. Resiliente Menschen verstehen, dass Stress nicht immer negativ ist. Sie nutzen ihn als Antrieb, um produktiv zu bleiben, und lernen, ihre Energie gezielt einzusetzen. Ein wichtiger Aspekt der Resilienz im Umgang mit Stress ist die Fähigkeit, Prioritäten zu setzen und realistische Ziele zu definieren. Wenn die Arbeitslast hoch ist, bleibt ein resilienter Mensch ruhig, analysiert die Situation und bricht große Aufgaben in kleinere, machbare Schritte herunter.

Ein Beispiel könnte ein Projektmanager sein, der mit einem unerwarteten Problem konfrontiert wird, das den Zeitplan des Projekts gefährdet. Statt in Panik zu verfallen oder die Kontrolle zu verlieren, fokussiert er sich auf das, was er beeinflussen kann. Er erstellt einen Plan, delegiert Aufgaben und kommuniziert klar mit seinem Team. Durch diese lösungsorientierte Herangehensweise wird der Stress bewältigt, ohne dass die Arbeitsqualität leidet.

2. **Anpassungsfähigkeit in Zeiten des Wandels**

Die Arbeitswelt verändert sich ständig – sei es durch neue Technologien, Umstrukturierungen oder wirtschaftliche Schwankungen. Resiliente Menschen sind in der Lage, sich an diese Veränderungen anzupassen, ohne den Boden unter den Füßen zu verlieren. Sie sehen Veränderungen nicht als Bedrohung, sondern als Chance zur Weiterentwicklung. Diese Flexibilität und Offenheit gegenüber Neuem hilft ihnen, auch in unsicheren Zeiten handlungsfähig zu bleiben.

Ein Beispiel hierfür könnte eine Situation sein, in der ein Unternehmen aufgrund von Marktveränderungen ein neues digitales System einführt. Während einige Mitarbeiter sich von der Umstellung überfordert fühlen und Widerstand leisten, zeigt eine resiliente Mitarbeiterin, dass sie bereit ist, sich auf die neuen Anforderungen einzulassen. Sie nutzt Schulungen, um sich schnell in die neue Software einzuarbeiten, und sieht darin die Möglichkeit, ihre eigenen Fähigkeiten zu erweitern und ihre Arbeitsweise zu verbessern.

3. Umgang mit Rückschlägen und Misserfolgen

Niemand bleibt in der Arbeitswelt von Misserfolgen verschont. Ob es ein gescheitertes Projekt ist, eine verpasste Beförderung oder ein Fehler, der zu negativen Konsequenzen führt – Rückschläge sind Teil des Berufslebens. Resiliente Menschen lassen sich von Misserfolgen jedoch nicht entmutigen. Stattdessen sehen sie diese Erfahrungen als Gelegenheit zum Lernen und Wachsen. Sie reflektieren, was schiefgelaufen ist, und überlegen, wie sie es in Zukunft besser machen können.

Stell dir einen Vertriebsmitarbeiter vor, der einen wichtigen Kunden verliert. Anstatt in Selbstzweifel zu versinken, reflektiert er die Situation und analysiert, welche Faktoren zum Verlust beigetragen haben. Er entwickelt eine neue Strategie und verbessert seine Kommunikationsfähigkeiten, um in Zukunft besser vorbereitet zu sein. Dieser konstruktive Umgang mit Misserfolgen ermöglicht es ihm, sich schneller zu erholen und aus der Situation gestärkt hervorzugehen.

4. Emotionale Intelligenz und zwischenmenschliche Beziehungen

Ein weiterer wichtiger Aspekt der Resilienz in der Arbeitswelt ist die Fähigkeit, starke zwischenmenschliche Beziehungen aufzubauen. Resiliente Menschen haben eine hohe emotionale Intelligenz und können ihre eigenen Emotionen sowie die Gefühle anderer gut wahrnehmen und regulieren. Dies hilft ihnen, Konflikte am Arbeitsplatz besser zu managen und produktive, positive Arbeitsbeziehungen aufrechtzuerhalten.

Nehmen wir das Beispiel einer Teamleiterin, die mit einem schwierigen Mitarbeiterkonflikt konfrontiert wird. Anstatt den Konflikt eskalieren zu lassen, bleibt sie ruhig, hört beiden Parteien zu und sucht nach einer Lösung, die für alle Beteiligten akzeptabel ist. Ihre Fähigkeit, emotionale Intelligenz einzusetzen, sorgt nicht nur für eine Lösung des Konflikts, sondern stärkt auch die Teamdynamik, weil die Mitarbeiter sich verstanden und unterstützt fühlen.

5. Selbstfürsorge und Abgrenzung

Resilienz in der Arbeitswelt bedeutet auch, auf das eigene Wohlbefinden zu achten. Resiliente Menschen wissen, wann sie eine Pause brauchen, und setzen klare Grenzen, um Überlastung zu vermeiden. Sie erkennen, dass ihr beruflicher Erfolg langfristig davon abhängt, dass sie körperlich und geistig gesund bleiben. Dies kann bedeuten, regelmäßige Pausen einzulegen, nach der Arbeit abzuschalten oder Aufgaben zu delegieren, um nicht auszubrennen.

Ein gutes Beispiel wäre ein Abteilungsleiter, der merkt, dass die Arbeitstage länger und stressiger werden. Anstatt weiter durchzupowern, nimmt er sich bewusst Pausen, plant seinen Arbeitstag effizienter und sorgt dafür, dass er sich nach Feierabend ausreichend erholt. Diese Selbstfürsorge ermöglicht es ihm, auch in stressigen Phasen leistungsfähig zu bleiben, ohne dass seine Gesundheit leidet.

6. Positiver Umgang mit Feedback

Feedback ist ein wesentlicher Bestandteil der Arbeitswelt. Resiliente Menschen nehmen Feedback nicht als persönlichen Angriff wahr, sondern als Möglichkeit zur Weiterentwicklung. Sie sind offen für konstruktive Kritik und nutzen sie, um ihre Fähigkeiten zu verbessern. Auch wenn das Feedback negativ ist, bleiben sie fokussiert auf das, was sie daraus lernen können, und lassen sich nicht entmutigen.

Ein Beispiel hierfür könnte eine Grafikdesignerin sein, deren Arbeit wiederholt vom Kunden abgelehnt wird. Statt sich gekränkt zurückzuziehen, bittet sie um konkreteres Feedback, um besser zu verstehen, was der Kunde erwartet. Sie passt ihre

Designs entsprechend an und lernt dabei, ihre Kreativität den Anforderungen anzupassen. Durch diesen positiven Umgang mit Feedback wächst sie sowohl beruflich als auch persönlich.

Fazit: Resilienz als Schlüssel zum Erfolg im Beruf

Resilienz in der Arbeitswelt ist eine unverzichtbare Fähigkeit, um den täglichen Herausforderungen, dem Druck und den Veränderungen, die in jedem Berufsfeld auftreten, erfolgreich zu begegnen. Resiliente Menschen sind in der Lage, Stress zu bewältigen, sich an Veränderungen anzupassen und aus Rückschlägen zu lernen. Sie pflegen starke Beziehungen, achten auf ihr Wohlbefinden und bleiben offen für Feedback. Durch diese Fähigkeiten tragen sie nicht nur zu ihrem eigenen beruflichen Erfolg bei, sondern auch zu einem positiven und produktiven Arbeitsumfeld.

Indem du Resilienz im Arbeitsalltag anwendest, kannst du in stressigen Situationen ruhig und fokussiert bleiben, besser auf Herausforderungen reagieren und langfristig erfolgreich und ausgeglichen in deinem Beruf sein.

Resilienz und körperliche Gesundheit

Resilienz und körperliche Gesundheit sind eng miteinander verbunden. Unsere Fähigkeit, auf Herausforderungen im Leben stark und widerstandsfähig zu reagieren, hängt nicht nur von unserem mentalen und emotionalen Zustand ab, sondern auch von unserer physischen Gesundheit. Ein gesunder Körper bildet die Grundlage für eine starke Resilienz, denn wenn wir uns körperlich gut fühlen, sind wir besser in der Lage, auch mentalen und emotionalen Belastungen standzuhalten. Umgekehrt stärkt Resilienz unsere Fähigkeit, uns nach gesundheitlichen Rückschlägen oder stressbedingten Problemen zu erholen und unsere Gesundheit langfristig zu erhalten.

1. **Stress und seine Auswirkungen auf den Körper**

   Stress ist ein natürlicher Bestandteil des Lebens, doch chronischer Stress kann erhebliche negative Auswirkungen auf den Körper haben. Wenn wir über längere Zeit gestresst sind, produziert unser Körper vermehrt Stresshormone wie Cortisol, die auf Dauer das Immunsystem schwächen, zu Schlafstörungen führen und unser Risiko für Herz-Kreislauf-Erkrankungen erhöhen können. Resiliente Menschen lernen, mit Stress auf gesunde Weise umzugehen, um diese negativen körperlichen Folgen zu minimieren.

Sie entwickeln Strategien, um Stress zu bewältigen, bevor er sich auf den Körper auswirkt.

Ein Beispiel könnte jemand sein, der in einem hochdruckbelasteten Job arbeitet und regelmäßig Stresssituationen erlebt. Anstatt diesen Stress anzustauen, nimmt er sich bewusst Zeit für Entspannungstechniken wie Meditation oder Atemübungen. Diese Praktiken helfen, den Stress zu regulieren und verhindern, dass er sich negativ auf den Körper auswirkt. Durch diesen proaktiven Umgang mit Stress bleibt der Körper widerstandsfähiger, und der Betroffene kann auch langfristig gesund und leistungsfähig bleiben.

2. **Bewegung als Grundlage für Resilienz**

Körperliche Bewegung spielt eine zentrale Rolle für die Resilienz. Regelmäßige Bewegung fördert nicht nur die körperliche Fitness, sondern hat auch eine nachgewiesene positive Wirkung auf das mentale Wohlbefinden. Sport baut Stresshormone ab, fördert die Ausschüttung von Endorphinen – den sogenannten "Glückshormonen" – und verbessert die Schlafqualität. Diese Effekte tragen dazu bei, dass wir uns mental und emotional stabiler fühlen und besser mit den Herausforderungen des Alltags umgehen können.

Stell dir einen Menschen vor, der nach einem langen Arbeitstag regelmäßig joggen geht. Dieses tägliche Ritual hilft ihm, den Kopf freizubekommen, Spannungen abzubauen und sich danach wieder ausgeglichen zu fühlen. Durch die körperliche Aktivität schafft er nicht nur eine Pause vom Alltagsstress, sondern stärkt auch seine mentale und körperliche Widerstandsfähigkeit. Auch wenn er unter Druck steht, gibt ihm die Bewegung die Energie und Stabilität, um Herausforderungen mit Klarheit und Ruhe zu bewältigen.

3. Ernährung als Stütze der Resilienz

Eine gesunde, ausgewogene Ernährung ist ebenfalls ein wichtiger Faktor für die Resilienz. Nährstoffreiche Lebensmittel versorgen den Körper mit den Vitaminen und Mineralstoffen, die er benötigt, um optimal zu funktionieren und Belastungen besser zu verkraften. Eine ausgewogene Ernährung unterstützt die Immunfunktion, steigert die Energie und fördert die mentale Klarheit – alles Voraussetzungen, um widerstandsfähig zu bleiben.

Nehmen wir das Beispiel einer Person, die in stressigen Zeiten dazu neigt, ungesunde Snacks oder Fast Food zu konsumieren. Diese Ernährungsweise kann zu einem Energieabfall führen, was die Fähigkeit, mit Stress umzugehen, weiter beeinträchtigt. Ein resilientes

Verhalten wäre es, auch in stressigen Phasen auf gesunde Mahlzeiten zu achten, die den Körper unterstützen, statt ihn zusätzlich zu belasten. Zum Beispiel könnte man sich für frisches Gemüse, Obst, Nüsse und Vollkornprodukte entscheiden, die Energie liefern und den Körper stabilisieren, anstatt auf zuckerhaltige Snacks zurückzugreifen, die kurzfristig Energie geben, aber schnell zu einem Einbruch führen.

4. **Schlaf und Erholung als Regenerationsquellen**

Schlaf ist eine der wichtigsten Säulen für die körperliche und mentale Gesundheit. Resiliente Menschen wissen, wie wichtig erholsamer Schlaf für ihre Leistungsfähigkeit und ihr Wohlbefinden ist. Während des Schlafes regeneriert sich der Körper, und das Gehirn verarbeitet die Ereignisse des Tages, was dazu beiträgt, emotionales Gleichgewicht zu finden und widerstandsfähig zu bleiben. Chronischer Schlafmangel hingegen kann die Resilienz erheblich beeinträchtigen, da er das Immunsystem schwächt, die Stimmung verschlechtert und das Stressniveau erhöht.

Ein Beispiel hierfür wäre eine Führungskraft, die aufgrund hoher Arbeitsbelastung nur wenige Stunden pro Nacht schläft. Dies führt langfristig zu Erschöpfung, Reizbarkeit und einer höheren Anfälligkeit für Krankheiten. Ein resilientes Verhalten wäre es, bewusste Schlafroutinen zu entwickeln, die ausreichend Schlaf und Erholung sicherstellen. Dies könnte bedeuten, frühere Schlafzeiten einzuführen, den Schlafbereich ruhig zu gestalten und digitale Geräte vor dem Zubettgehen zu vermeiden, um einen erholsamen Schlaf zu fördern.

5. Der Zusammenhang zwischen Resilienz und Heilung

Ein weiterer wichtiger Aspekt der Resilienz ist die Fähigkeit, sich von körperlichen Rückschlägen zu erholen. Menschen, die resilient sind, haben oft ein positiveres Bild von ihrer Gesundheit und eine stärkere Überzeugung, dass sie in der Lage sind, sich zu erholen. Diese positive Einstellung fördert den Heilungsprozess, da der Körper und Geist in Harmonie zusammenarbeiten, um sich zu regenerieren.

Ein Beispiel könnte ein Patient sein, der sich nach einer schweren Operation erholen muss. Während einige Patienten entmutigt sind und sich von der Erkrankung überwältigt fühlen, bleibt ein resilienter Patient positiv und aktiv in seiner Genesung. Er befolgt die Ratschläge der Ärzte, führt regelmäßig Physiotherapie durch und bleibt zuversichtlich, dass er sich vollständig erholen wird. Diese positive Einstellung und das aktive Engagement in der eigenen Genesung fördern nicht nur die Heilung, sondern geben ihm auch das Gefühl, die Kontrolle über seinen eigenen Gesundheitsprozess zu haben.

6. **Selbstfürsorge als aktiver Teil der Resilienz**

   Selbstfürsorge ist der bewusste Umgang mit dem eigenen Körper und Geist, um langfristig gesund und widerstandsfähig zu bleiben. Resiliente Menschen achten auf ihre körperlichen Bedürfnisse und erkennen die Signale ihres Körpers frühzeitig, bevor Stress oder Erschöpfung sie überwältigen. Selbstfürsorge kann viele Formen annehmen – von regelmäßiger Bewegung und gesunder Ernährung bis hin zu ausreichend Schlaf und Entspannungsphasen.

   Ein Beispiel wäre eine Person, die in ihrem Arbeitsalltag regelmäßig Pausen einplant, um sich zu dehnen oder einen kurzen Spaziergang zu machen. Anstatt sich stundenlang ohne Unterbrechung durchzuarbeiten, achtet sie darauf, ihren Körper zu pflegen und ihm die nötige Erholung zu geben. Diese kleinen, aber bewussten Handlungen stärken ihre Resilienz und helfen ihr, auch bei steigenden Anforderungen fit und konzentriert zu bleiben.

Fazit: Körperliche Gesundheit als Fundament der Resilienz

Resilienz und körperliche Gesundheit sind untrennbar miteinander verbunden. Ein gesunder Körper bildet die

Grundlage für mentale Stärke und emotionale Stabilität, während umgekehrt Resilienz die Fähigkeit fördert, gesund zu bleiben und sich von körperlichen Belastungen zu erholen. Indem wir Stress aktiv managen, uns regelmäßig bewegen, gesund essen, ausreichend schlafen und auf uns selbst achten, schaffen wir ein starkes Fundament, um den Herausforderungen des Lebens widerstandsfähig zu begegnen. Der Körper ist das Werkzeug, durch das wir unsere Resilienz ausdrücken – je besser wir uns um ihn kümmern, desto besser sind wir auf die Unwägbarkeiten des Lebens vorbereitet.

Resilienz in Beziehungen und Familie

Resilienz spielt in Beziehungen und der Familie eine entscheidende Rolle. So wie Resilienz uns hilft, mit persönlichen Herausforderungen umzugehen, stärkt sie auch die Beziehungen zu unseren Partnern, Freunden und Familienmitgliedern. In jeder Beziehung gibt es Höhen und Tiefen, und Familien stehen oft vor Herausforderungen, die von alltäglichen Stressoren bis hin zu großen Krisen reichen können. Resiliente Beziehungen und Familien sind in der Lage, gemeinsam an Problemen zu arbeiten, Konflikte konstruktiv zu lösen und gestärkt aus schwierigen Zeiten hervorzugehen.

1. **Kommunikation als Schlüssel zur Resilienz**

   Eine der wichtigsten Säulen der Resilienz in Beziehungen ist die offene und ehrliche Kommunikation. Resiliente Paare und Familien sprechen offen über ihre Gefühle, Sorgen und Bedürfnisse. Anstatt Konflikte zu vermeiden oder sie eskalieren zu lassen, setzen sie auf klare, respektvolle Gespräche, um Missverständnisse zu klären und Lösungen zu finden. Offene Kommunikation fördert das Vertrauen und stärkt die emotionale Bindung.

   Ein Beispiel könnte ein Ehepaar sein, das regelmäßig Stress durch die Arbeit und die Betreuung ihrer Kinder erlebt. Anstatt den Stress unausgesprochen in der Beziehung wirken zu lassen, setzen sie sich regelmäßig zusammen, um darüber zu sprechen, wie sie sich fühlen und welche Unterstützung sie voneinander brauchen. Diese Gespräche helfen, Spannungen abzubauen und gemeinsame Lösungen zu finden, um den Alltag besser zu bewältigen.

2. **Konfliktlösung und Kompromissbereitschaft**

Konflikte sind in jeder Beziehung unvermeidlich, doch wie wir damit umgehen, macht den Unterschied. Resiliente Familien und Paare wissen, dass Konflikte Teil des Lebens sind, und sehen sie als Chance für Wachstum. Sie suchen nach Lösungen, die für alle Beteiligten akzeptabel sind, und setzen auf Kompromisse, um das Miteinander zu stärken.

Stell dir vor, Eltern haben unterschiedliche Erziehungsstile und geraten in Streit darüber, wie sie mit bestimmten Verhaltensweisen ihrer Kinder umgehen sollen. Anstatt sich gegenseitig Vorwürfe zu machen, setzen sie sich zusammen, um die jeweiligen Ansichten zu besprechen. Sie einigen sich darauf, welche Elemente aus beiden Erziehungsansätzen für ihre Familie am besten funktionieren, und arbeiten gemeinsam an einer Lösung. Durch diesen lösungsorientierten Ansatz entsteht nicht nur ein besseres Verständnis füreinander, sondern auch eine harmonischere Familienumgebung.

3. Unterstützung in Krisenzeiten

In Krisenzeiten zeigt sich die Stärke einer Beziehung oder Familie besonders deutlich. Resiliente Familien halten in schwierigen Zeiten zusammen und unterstützen sich gegenseitig. Sei es bei einem gesundheitlichen Problem, finanziellen Schwierigkeiten oder dem Verlust eines geliebten Menschen – die Fähigkeit, einander emotional und praktisch zur Seite zu stehen, stärkt das Band der Verbundenheit und gibt den Beteiligten Kraft, die Krise zu bewältigen.

Ein Beispiel hierfür könnte eine Familie sein, deren Hauptverdiener plötzlich seinen Job verliert. Anstatt in Panik zu verfallen oder sich gegenseitig die Schuld zu geben, suchen die Familienmitglieder gemeinsam nach Lösungen. Die Partner unterstützen sich emotional, entwickeln einen Plan für die finanziellen Engpässe und ziehen an einem Strang, um die schwierige Phase zu überstehen. Durch diese gegenseitige Unterstützung fühlt sich niemand allein, und die Familie geht gestärkt aus der Krise hervor.

4. Resilienz bei Kindern fördern

Resilienz ist nicht nur für Erwachsene wichtig – auch Kinder profitieren davon, wenn sie lernen, mit Herausforderungen und Rückschlägen umzugehen. Resiliente Familien schaffen ein Umfeld, in dem

Kinder lernen, ihre eigenen Emotionen zu verstehen und zu regulieren. Sie ermutigen ihre Kinder, Probleme selbst zu lösen und aus Fehlern zu lernen, anstatt ihnen alles abzunehmen. Indem Eltern ihren Kindern vorleben, wie man mit Stress und Schwierigkeiten umgeht, helfen sie ihnen, eigene Widerstandskraft zu entwickeln.

Stell dir vor, ein Kind hat Schwierigkeiten in der Schule und bekommt schlechte Noten. Resiliente Eltern reagieren nicht mit Bestrafung oder übertriebener Sorge, sondern setzen sich mit ihrem Kind hin, um zu besprechen, was es braucht, um sich zu verbessern. Sie ermutigen ihr Kind, die Verantwortung für das eigene Lernen zu übernehmen, bieten Unterstützung bei den Hausaufgaben an und zeigen ihm, dass Misserfolge keine Katastrophen sind, sondern Gelegenheiten, um zu wachsen.

5. Gemeinsame Resilienz-Rituale etablieren

Viele resiliente Familien und Paare entwickeln Routinen und Rituale, die ihnen helfen, ihre emotionale Verbindung zu stärken und Herausforderungen gemeinsam zu meistern. Diese Rituale können alltäglicher Natur sein, wie gemeinsame Mahlzeiten, regelmäßige Gespräche über den Tag oder Wochenendausflüge, die der Familie Zeit geben, zusammenzukommen und den Alltagsstress hinter sich zu lassen. Solche Rituale fördern das Gefühl der Zugehörigkeit und geben allen Familienmitgliedern das Gefühl, Teil eines unterstützenden Netzwerks zu sein.

Ein Beispiel wäre ein Paar, das sich jede Woche bewusst Zeit nimmt, um miteinander zu reden, ohne Ablenkungen durch Arbeit oder Kinder. Diese "Quality Time" gibt ihnen die Möglichkeit, über ihre Gefühle und Pläne zu sprechen, ihre Verbindung zu pflegen und potenzielle Probleme frühzeitig anzusprechen, bevor sie zu größeren Konflikten werden. Dieses Ritual stärkt die emotionale Nähe und fördert die Resilienz der Beziehung.

6. **Selbstfürsorge in Beziehungen und Familien**

Selbstfürsorge ist auch innerhalb von Beziehungen und Familien ein wichtiger Bestandteil der Resilienz. Resiliente Menschen wissen, dass sie nur dann für andere da sein können, wenn sie sich auch um sich selbst kümmern. Sie achten auf ihre eigenen Bedürfnisse und setzen Grenzen, um Erschöpfung zu vermeiden. In einer resilienten Familie wird Selbstfürsorge nicht nur akzeptiert, sondern auch gefördert. Jeder wird ermutigt, Zeit für sich selbst zu nehmen, um aufzutanken und die eigene emotionale und körperliche Gesundheit zu pflegen.

Ein Beispiel könnte eine Mutter sein, die trotz ihrer Verantwortung für die Familie regelmäßig Zeit für sich selbst einplant, um Sport zu treiben, zu lesen oder eine andere Aktivität auszuüben, die ihr gut tut. Diese Selbstfürsorge gibt ihr die Energie, für ihre Familie da zu sein und Stress besser zu bewältigen. Durch dieses Beispiel lernen auch die Kinder, dass es wichtig ist, sich um das eigene Wohlbefinden zu kümmern.

Fazit: Resilienz stärkt Beziehungen und Familien

Resilienz in Beziehungen und Familien bedeutet, gemeinsam stark zu sein und sich in schwierigen Zeiten gegenseitig zu stützen. Durch offene Kommunikation, konstruktive Konfliktlösung, emotionale Unterstützung und die Pflege von Selbstfürsorge können Beziehungen und Familien nicht nur Belastungen überstehen, sondern auch daran wachsen. Resiliente Familien und Paare lernen aus Herausforderungen, entwickeln stärkere Bindungen und schaffen ein Umfeld, das allen Beteiligten Sicherheit, Halt und Zuversicht gibt.

Resilienz in Krisenzeiten

Krisenzeiten gehören zum Leben dazu, und niemand bleibt von ihnen verschont. Ob es sich um persönliche Krisen wie den Verlust eines geliebten Menschen, eine plötzliche Krankheit, den Verlust des Arbeitsplatzes oder größere gesellschaftliche Krisen wie wirtschaftliche Unsicherheiten oder Naturkatastrophen handelt – diese Ereignisse können uns emotional und physisch schwer belasten. In solchen Momenten zeigt sich, wie wichtig Resilienz ist. Resilienz ist die Fähigkeit, auch in schwierigen Zeiten auf innere Stärken zurückzugreifen und trotz widriger Umstände weiterzumachen. Resiliente Menschen sind nicht unverwundbar, aber sie haben Werkzeuge und Strategien entwickelt, die ihnen helfen, mit Herausforderungen umzugehen und sich von Rückschlägen zu erholen. Krisen bringen oft eine Phase von Schock, Unsicherheit und Angst mit sich. In diesen Momenten ist es natürlich, dass wir uns überfordert und verletzlich fühlen. Doch genau in dieser Zeit ist Resilienz entscheidend. Sie gibt uns die innere Überzeugung, dass wir die Krise überstehen können – nicht indem wir die Realität der Krise leugnen, sondern indem wir die Situation akzeptieren und uns auf das konzentrieren, was wir kontrollieren können. Resiliente Menschen wissen, dass es wenig bringt, sich in Sorgen über das Unveränderbare zu verlieren. Stattdessen richten sie ihren

Fokus auf das, was sie in der Krise beeinflussen können – sei es das eigene Verhalten, die Einstellung oder die Entscheidungen, die sie in dieser schwierigen Zeit treffen. Ein zentrales Element der Resilienz in Krisenzeiten ist die Fähigkeit zur Anpassung. Krisen erfordern oft Flexibilität, weil die gewohnten Wege plötzlich nicht mehr funktionieren. Menschen, die resilient sind, erkennen diese Notwendigkeit und passen sich neuen Gegebenheiten an. Diese Flexibilität erfordert jedoch oft eine Umstellung des eigenen Denkens. Während einige Menschen sich von der Ungewissheit einer Krise lähmen lassen, finden resilientere Personen Wege, mit den neuen Umständen umzugehen. Sie entwickeln alternative Pläne, probieren neue Ansätze aus oder lernen, mit weniger auszukommen, wenn die Ressourcen begrenzt sind. Resilienz in Krisenzeiten bedeutet auch, die eigene emotionale Gesundheit zu pflegen. In einer Krise sind Gefühle wie Angst, Wut oder Traurigkeit natürliche Reaktionen, und es ist wichtig, diese Emotionen zuzulassen. Resiliente Menschen versuchen nicht, ihre negativen Gefühle zu unterdrücken, sondern finden Wege, sie auszudrücken und zu verarbeiten. Dies kann durch Gespräche mit vertrauten Menschen geschehen, durch das Schreiben in einem Tagebuch oder durch das Einbeziehen von professioneller Unterstützung. Der emotionale Ausdruck hilft dabei, die innere Anspannung zu lindern und das Gefühl der Isolation zu verringern, das in Krisenzeiten häufig auftritt.

Ein weiteres entscheidendes Merkmal der Resilienz in Krisen ist der Sinn für Perspektive. Resiliente Menschen können das größere Bild sehen, auch wenn sie sich mitten in einer schwierigen Phase befinden. Sie wissen, dass die aktuelle Krise zwar belastend ist, aber nicht für immer andauern wird. Diese Perspektive gibt ihnen die Kraft, durchzuhalten. Sie sehen die Krise als eine Phase, die überwunden werden kann, und erkennen oft, dass Herausforderungen auch Möglichkeiten für persönliches Wachstum und Veränderung bieten. Diese positive Einstellung verhindert, dass sie sich von der Krise vollständig überwältigen lassen. Soziale Unterstützung spielt ebenfalls eine entscheidende Rolle in der Resilienz während Krisenzeiten. Niemand muss eine Krise allein bewältigen, und resilientere Menschen erkennen den Wert von Unterstützung durch Familie, Freunde oder Gemeinschaften. Sie sind in der Lage, um Hilfe zu bitten, wenn sie sie brauchen, und sind auch offen dafür, Unterstützung anzunehmen. Diese Beziehungen bieten emotionale Stabilität und oft auch praktische Hilfe, was den Weg durch die Krise erleichtert. Menschen, die in Krisen auf starke Netzwerke zurückgreifen können, haben häufig ein größeres Gefühl der Sicherheit und des Rückhalts, was ihre Belastbarkeit stärkt.

Resilienz in Krisenzeiten bedeutet nicht, dass Menschen unberührt oder unempfindlich gegenüber Schwierigkeiten sind. Auch resiliente Menschen fühlen Schmerz, Trauer und Verzweiflung. Der Unterschied liegt jedoch in ihrer Fähigkeit, nicht in diesen Gefühlen stecken zu bleiben. Sie finden Wege, sich aus schwierigen emotionalen Zuständen zu befreien und den Blick nach vorne zu richten. Dies erfordert oft einen bewussten mentalen Kraftakt – das sogenannte "mentale Umschalten". Resiliente Menschen sind fähig, sich von negativen Gedankenspiralen zu lösen und sich auf das Positive zu konzentrieren, sei es auf die Möglichkeiten, die eine Krise mit sich bringt, oder auf die Unterstützung, die sie erhalten. Ein wesentlicher Teil der Resilienz in Krisen ist die Selbstfürsorge. In schwierigen Zeiten kann es leicht passieren, dass wir die eigene Gesundheit und das Wohlbefinden vernachlässigen, weil wir uns auf das Überleben konzentrieren. Doch resiliente Menschen wissen, wie wichtig es ist, sich gerade in Krisenzeiten gut um sich selbst zu kümmern. Das bedeutet, ausreichend zu schlafen, sich gesund zu ernähren und Pausen einzulegen, um den eigenen Körper und Geist zu regenerieren. Diese Selbstfürsorge schafft die Grundlage für langfristige Belastbarkeit und hilft dabei, nicht von der Krise überwältigt zu werden. Schließlich ist Resilienz in Krisenzeiten oft eng mit der Fähigkeit verbunden, Hoffnung zu bewahren. Auch wenn die Situation düster erscheint, resiliente Menschen halten an der Überzeugung fest, dass sich die Dinge wieder zum Besseren wenden können. Diese Hoffnung gibt ihnen die Kraft, durchzuhalten und nach Lösungen zu suchen, auch wenn die Umstände schwierig sind. Es ist diese Hoffnung, die sie motiviert, weiterzumachen, selbst wenn der Weg beschwerlich ist.

Zusammengefasst zeigt sich Resilienz in Krisenzeiten durch die Fähigkeit, sich an Veränderungen anzupassen, emotionale Stärke zu bewahren, Unterstützung zu suchen und die Perspektive nicht zu verlieren. Resiliente Menschen erkennen, dass Krisen zwar belastend sind, aber auch Chancen für Wachstum und Veränderung bieten können. Durch bewusste Selbstfürsorge, das Akzeptieren von Unterstützung und das Festhalten an Hoffnung können Krisen bewältigt und gemeistert werden – und die Menschen kommen oft gestärkt aus ihnen hervor.

Wie dich negative Kleinigkeiten im Alltag nicht mehr auf die Palme bringen

Jeder kennt das Gefühl: Der Alltag läuft, doch dann passiert eine Kleinigkeit, die uns völlig aus der Fassung bringt. Ob es der verschüttete Kaffee am Morgen ist, ein unhöflicher Kommentar von einem Kollegen, der Stau auf dem Weg zur Arbeit oder der vergessene Schlüssel – oft sind es gerade diese kleinen Ärgernisse, die uns emotional stark belasten. Obwohl sie objektiv betrachtet unbedeutend sind, haben sie die Macht, unsere Stimmung zu ruinieren und uns auf die Palme zu bringen. Doch mit ein wenig Resilienz und dem richtigen Umgang können wir lernen, uns von diesen alltäglichen Kleinigkeiten nicht mehr aus der Ruhe bringen zu lassen. Der erste Schritt besteht darin, zu erkennen, dass diese kleinen Ärgernisse oft eine unverhältnismäßige Reaktion hervorrufen, weil sie sich zu einem größeren Muster summieren. Wenn unser Tag ohnehin stressig ist oder wir bereits emotional belastet sind, kann ein kleiner Vorfall wie ein verschütteter Kaffee das Fass zum Überlaufen bringen. Resiliente Menschen erkennen diesen Mechanismus und verstehen, dass es oft nicht die Kleinigkeit selbst ist, die sie ärgert, sondern die Summe der Belastungen, die sie mit sich tragen. Indem sie innehalten und reflektieren, warum eine scheinbar banale Situation so starke Emotionen auslöst, können sie ihre Reaktion besser kontrollieren.

Ein zentraler Aspekt, um sich von negativen Kleinigkeiten nicht mehr auf die Palme bringen zu lassen, ist die Fähigkeit, innezuhalten und tief durchzuatmen. In Momenten der Frustration ist unsere erste Reaktion oft impulsiv – wir ärgern uns, reagieren über oder lassen uns in schlechte Laune ziehen. Resiliente Menschen haben gelernt, eine Pause einzulegen, bevor sie reagieren. Diese kurze Unterbrechung gibt ihnen die Chance, ihre Emotionen zu regulieren und die Situation neu zu bewerten. Sie fragen sich: *Ist dieser Moment wirklich so schlimm, wie er sich anfühlt? Wird er in einer Stunde oder einem Tag noch von Bedeutung sein?* In den meisten Fällen lautet die Antwort: nein. Diese Perspektive hilft, den emotionalen Aufruhr zu relativieren und die Kontrolle über die eigene Reaktion zurückzugewinnen.

Ein weiterer hilfreicher Ansatz ist, sich auf das zu konzentrieren, was man kontrollieren kann. Oft ärgern wir uns über Dinge, die außerhalb unserer Kontrolle liegen – sei es das Verhalten anderer Menschen oder äußere Umstände wie das Wetter oder der Verkehr. Resiliente Menschen haben die Fähigkeit, diese äußeren Einflüsse loszulassen und sich stattdessen auf ihre eigene Reaktion zu fokussieren. Wenn du im Stau steckst und anfängst, dich zu ärgern, bringt dich dieser Ärger nicht schneller an dein Ziel. Aber du hast die Kontrolle darüber, wie du die Zeit im Stau verbringst. Du kannst Musik hören, einen Podcast einschalten oder einfach die Zeit nutzen, um deine

Gedanken zu ordnen. Durch diese bewusste Entscheidung lenkst du deine Energie in eine positive Richtung, anstatt dich von Frustration beherrschen zu lassen. Auch der Humor spielt eine wichtige Rolle. Resiliente Menschen sind oft in der Lage, über die kleinen Missgeschicke des Alltags zu lachen, anstatt sich über sie zu ärgern. Wenn der Kaffee verschüttet wird oder du in letzter Minute den Schlüssel vergessen hast, könnte der erste Impuls Ärger sein – aber warum nicht die Situation mit einem Lächeln betrachten? Das Lachen über die eigene Ungeschicklichkeit oder über die Absurdität der Situation nimmt der Frustration die Schärfe und schafft eine entspanntere Haltung. Humor hilft uns, eine gewisse Leichtigkeit in den Alltag zu bringen und uns selbst nicht zu ernst zu nehmen.

Eine weitere wichtige Strategie, um nicht mehr von Kleinigkeiten überwältigt zu werden, ist die bewusste Fokussierung auf das Positive. Oftmals sind es nicht die negativen Kleinigkeiten selbst, die uns aus der Bahn werfen, sondern unsere Tendenz, sie zu überbewerten. Resiliente Menschen neigen dazu, den Fokus auf das zu lenken, was gut läuft, selbst wenn kleine Dinge schieflaufen. Ein Beispiel: Du hast den Bus verpasst, aber anstatt sich darüber zu ärgern, könntest du die zusätzliche Zeit nutzen, um einen kurzen Spaziergang zu machen oder deine Gedanken zu sammeln. Diese bewusste Entscheidung, sich auf das Positive zu konzentrieren, hilft dabei, den Stresslevel zu senken und die negativen Kleinigkeiten nicht dominieren zu lassen. Nicht zuletzt spielt Achtsamkeit eine zentrale Rolle. Indem du achtsam mit deinen Gefühlen und Gedanken umgehst, erkennst du frühzeitig, wann dich eine Kleinigkeit aus dem Gleichgewicht bringt. Achtsamkeit bedeutet, sich des gegenwärtigen Moments bewusst zu sein, ohne ihn zu bewerten. Wenn du also bemerkst, dass dich eine Kleinigkeit nervt, kannst du innehalten, tief durchatmen und die Situation beobachten, ohne sofort darauf zu reagieren. Diese Distanz ermöglicht es, gelassener zu bleiben und sich nicht in negativen Emotionen zu verlieren. Ein Beispiel dafür könnte ein unhöflicher Kommentar von einem Kollegen sein. Ohne Resilienz und Achtsamkeit könnte dieser Kommentar dich den ganzen Tag lang beschäftigen und deine Stimmung negativ beeinflussen. Aber wenn du achtsam reagierst, erkennst du den Kommentar, lässt ihn vorbeiziehen und entscheidest, ob er wirklich deine Aufmerksamkeit verdient. Du kannst dir sagen: *Das ist seine Meinung, und sie muss nicht meine Stimmung bestimmen.* Diese bewusste Entscheidung, nicht auf jeden negativen Reiz sofort zu reagieren, stärkt deine Resilienz im Alltag.

Zusammengefasst geht es darum, eine bewusste und gelassene Haltung gegenüber den kleinen Widrigkeiten des Alltags zu entwickeln. Resiliente Menschen erkennen, dass nicht jede Kleinigkeit es wert ist, sich darüber aufzuregen. Sie setzen auf Achtsamkeit, humorvolle Gelassenheit und das Bewusstsein, dass sie selbst entscheiden können, wie sie auf die Herausforderungen des Tages reagieren. Dadurch schaffen sie es, ihre Energie auf die Dinge zu lenken, die wirklich wichtig sind, und sich von den kleinen Unannehmlichkeiten des Lebens nicht mehr auf die Palme bringen zu lassen.

Humor und Resilienz – Lachen als Mittel zur Stressbewältigung

Humor ist eine der wirkungsvollsten und zugleich oft unterschätzten Ressourcen, wenn es darum geht, Resilienz zu stärken und mit Stress umzugehen. Lachen und Humor haben nicht nur die Fähigkeit, uns in schwierigen Situationen zu entspannen, sondern sie bieten auch eine wertvolle Perspektive, die uns hilft, Herausforderungen mit mehr Leichtigkeit und Gelassenheit zu begegnen. Resiliente Menschen haben die Gabe, auch in ernsten Momenten den Humor zu bewahren und durch diese Einstellung Belastungen besser zu meistern. Lachen ist mehr als nur eine Reaktion auf etwas Lustiges – es ist ein Mechanismus, der sowohl körperlich als auch emotional heilend wirkt. Wissenschaftliche Studien haben gezeigt, dass Lachen Stresshormone wie Cortisol und Adrenalin reduziert, während gleichzeitig Glückshormone wie Endorphine ausgeschüttet werden. Dadurch fühlen wir uns nach einem herzhaften Lachen entspannter, leichter und emotional stabiler. Diese biochemische Reaktion unterstützt uns dabei, schwierige Situationen zu bewältigen und in stressigen Momenten einen klaren Kopf zu bewahren. Humor verschafft uns außerdem die nötige emotionale Distanz, um nicht von den Problemen des Alltags überwältigt zu werden. In stressigen Situationen kann der Humor wie ein Ventil wirken, das den Druck ablässt und es uns ermöglicht, eine Herausforderung mit einer gewissen Leichtigkeit zu betrachten. Indem wir über eine schwierige Situation lachen, signalisieren wir uns selbst, dass wir nicht hilflos oder festgefahren sind. Humor schafft Raum für neue Perspektiven, und diese innere Distanz zu den Problemen ermöglicht es uns, rationaler zu denken und kreativer auf Lösungen zu kommen. Ein Beispiel hierfür könnte eine stressige Arbeitssituation sein, in der mehrere Aufgaben gleichzeitig anstehen und es scheint, als ob nichts so läuft, wie es sollte. Resiliente Menschen haben in solchen Momenten die Fähigkeit, einen Schritt zurückzutreten und über die Situation zu lachen – nicht weil sie die Herausforderungen ignorieren, sondern weil sie erkennen, dass diese vorübergehend sind und es oft wenig bringt, sich aufzuregen. Dieses Lachen hilft ihnen, den Stress abzubauen, und gibt ihnen die Energie und Klarheit, um sich wieder auf das Wesentliche zu konzentrieren.

Humor ist auch ein wichtiger Bestandteil zwischenmenschlicher Resilienz. In Beziehungen – sei es mit Freunden, Familie oder Kollegen – hilft Humor, Konflikte zu entschärfen und Missverständnisse mit Leichtigkeit zu klären. Ein humorvoller Kommentar in einer angespannten Situation kann die Stimmung heben, Spannungen lösen und das Gefühl von Verbundenheit stärken. Resiliente Menschen nutzen Humor, um ihre

Beziehungen positiv zu beeinflussen und schwierige Gespräche mit einem Lächeln zu bewältigen, anstatt in negative Emotionen zu verfallen. Auch in schweren Krisenzeiten spielt Humor eine wichtige Rolle, um den emotionalen Schmerz zu lindern. Wenn wir in der Lage sind, über uns selbst oder die Situation zu lachen, nehmen wir dem Problem einen Teil seiner Schwere. Humor erinnert uns daran, dass es auch in schwierigen Zeiten noch Raum für Freude und Leichtigkeit gibt. Ein Beispiel könnte jemand sein, der eine schwere Krankheit durchmacht. Anstatt sich ausschließlich auf das Leid zu konzentrieren, findet er Momente des Humors – sei es durch einen Witz mit den Pflegern oder das Teilen lustiger Erinnerungen mit seiner Familie. Dieser Humor hilft, die emotionale Last der Situation zu tragen, und gibt den Betroffenen das Gefühl, nicht völlig der Krise ausgeliefert zu sein. Ein weiteres Beispiel ist der Umgang mit kleinen Alltagskatastrophen. Stell dir vor, du bist spät dran für einen wichtigen Termin, und plötzlich stellst du fest, dass du deinen Autoschlüssel verloren hast. Der erste Impuls könnte Ärger und Frustration sein. Doch indem du die Absurdität der Situation erkennst und über dich selbst lachen kannst, änderst du die gesamte Dynamik des Moments. Plötzlich ist der Verlust des Schlüssels nicht mehr die Katastrophe, die dir den Tag ruiniert, sondern ein komischer Zwischenfall, den du später vielleicht als lustige Geschichte erzählen wirst. Diese Fähigkeit, über die kleinen und großen Missgeschicke des Lebens zu lachen, stärkt die Resilienz und hilft, im Alltag gelassener zu bleiben.

Humor und Lachen sind auch ein starkes Werkzeug, um das eigene Selbstbild zu stärken. Resiliente Menschen können über ihre eigenen Fehler und Schwächen lachen, ohne sich dabei selbst herabzusetzen. Sie nehmen sich selbst nicht zu ernst und wissen, dass Perfektion weder möglich noch notwendig ist. Diese Selbstironie schafft nicht nur eine entspanntere Haltung gegenüber sich selbst, sondern wirkt sich auch positiv auf das Selbstwertgefühl aus. Wenn wir über uns selbst lachen können, nehmen wir dem inneren Kritiker den Wind aus den Segeln und entwickeln eine gesunde Distanz zu unseren eigenen Unzulänglichkeiten. Auch das Umfeld spielt eine Rolle, wenn es um Humor und Resilienz geht. Menschen, die von positiven, humorvollen Personen umgeben sind, neigen dazu, selbst widerstandsfähiger gegenüber Stress und Herausforderungen zu sein. Humor verbindet uns mit anderen und fördert ein Gemeinschaftsgefühl, das uns emotional stabilisiert. Eine positive und humorvolle Einstellung in einem Team oder einer Familie kann dabei helfen, schwierige Zeiten gemeinsam zu überstehen und den Zusammenhalt zu stärken. Indem wir uns gegenseitig zum Lachen bringen, schaffen wir nicht nur eine angenehmere Atmosphäre, sondern auch ein Umfeld, das Resilienz fördert. Humor bietet uns schließlich auch die Möglichkeit, Dinge loszulassen, die außerhalb unserer Kontrolle liegen. Wenn wir über eine Situation lachen können, die wir nicht ändern können, nehmen wir ihr die Macht, uns emotional zu belasten. Wir akzeptieren, dass das Leben unvorhersehbar und manchmal chaotisch ist – aber anstatt uns von dieser Realität überwältigen zu lassen, reagieren wir mit einem Lächeln. Diese Akzeptanz und Leichtigkeit sind zentrale Elemente der Resilienz, denn sie ermöglichen es uns, flexibler auf das Leben zu reagieren und uns weniger von Stress und Herausforderungen aus der Bahn werfen zu lassen.

Zusammengefasst ist Humor ein mächtiges Mittel zur Stressbewältigung und ein essenzieller Bestandteil der Resilienz. Lachen hilft uns, Druck abzubauen, die Perspektive zu wechseln und emotionale Distanz zu schaffen. Es ermöglicht uns, in schwierigen Zeiten Leichtigkeit zu bewahren, unsere Beziehungen zu stärken und unser Selbstbild zu festigen. Indem wir lernen, auch in ernsten Momenten zu lachen und die Absurditäten des Lebens zu erkennen, entwickeln wir eine innere Stärke, die uns hilft, Herausforderungen mit mehr Gelassenheit und Zuversicht zu begegnen.

Resilienz und persönliche Werte – Wie du deinen inneren Kompass findest

Unsere persönlichen Werte sind der innere Kompass, der uns durch das Leben leitet. Sie geben uns Orientierung, besonders in schwierigen Zeiten, und helfen uns, Entscheidungen zu treffen, die im Einklang mit unserem tiefsten Selbst stehen. Resilienz und persönliche Werte sind eng miteinander verbunden: Menschen, die ihre Werte klar kennen und nach ihnen leben, sind widerstandsfähiger gegenüber den Herausforderungen des Lebens. Ihre Werte bieten ihnen Halt und geben ihnen das Vertrauen, auch in Krisen zu wissen, was für sie wirklich zählt. Der Schlüssel zur Stärkung der Resilienz liegt darin, diesen inneren Kompass zu finden und zu nutzen, um sich in schwierigen Momenten nicht aus der Bahn werfen zu lassen. Persönliche Werte sind die Überzeugungen und Grundprinzipien, die unser Handeln, unsere Entscheidungen und unser Verhalten beeinflussen. Sie definieren, was uns wichtig ist, und geben uns das Gefühl, authentisch zu leben. In Krisenzeiten können diese Werte zu einem Anker werden, der uns Halt gibt und uns daran erinnert, wer wir sind und worauf es für uns im Leben ankommt. Wenn wir nach unseren Werten leben, fühlen wir uns stärker und selbstbewusster – auch dann, wenn äußere Umstände uns herausfordern. Ein Beispiel dafür ist der Wert der **Integrität**. Menschen, die diesen Wert hochhalten, legen großen Wert darauf, ehrlich und aufrichtig zu handeln – selbst dann, wenn es schwieriger ist oder unangenehme Konsequenzen nach sich zieht. Wenn jemand mit dem Wert der Integrität in eine berufliche oder private Krise gerät, etwa durch Konflikte oder moralische Dilemmata, wird dieser Wert ihm helfen, den richtigen Weg zu finden. Anstatt sich von äußeren Druck oder Ängsten leiten zu lassen, wird diese Person sich auf ihre Integrität besinnen und Entscheidungen treffen, die ihrem moralischen Kompass entsprechen. Dieser innere Rückhalt gibt ihr die emotionale Stabilität, um auch schwierige Phasen durchzustehen.

Ein weiteres Beispiel ist der Wert der **Familie**. Für Menschen, deren zentrale Werte um die Familie kreisen, kann selbst eine große berufliche oder persönliche Krise relativiert werden, wenn sie sich auf das besinnen, was ihnen wirklich wichtig ist. Eine solche Person wird auch in stressigen Situationen den Kontakt und die Bindung zu ihren Liebsten aufrechterhalten, weil sie weiß, dass ihr langfristiges Glück nicht nur von beruflichem Erfolg oder materiellem Wohlstand abhängt, sondern von der Qualität ihrer familiären Beziehungen. Diese Werte geben Halt und Perspektive, wenn alles andere um sie herum ins Wanken gerät. Der Weg zu einem resilienten Leben beginnt oft damit, sich seiner Werte bewusst zu werden. Viele Menschen haben zwar eine vage Vorstellung davon, was ihnen wichtig ist, aber sie haben diese Überzeugungen nie wirklich klar definiert. Sich die Zeit zu nehmen, um die eigenen Werte bewusst zu benennen, ist ein wichtiger Schritt, um den inneren Kompass zu schärfen. Es hilft, sich Fragen zu stellen wie: *Was bedeutet für mich ein erfülltes Leben? Was treibt mich an? Welche Prinzipien möchte ich niemals aufgeben, egal in welcher Situation?* Diese Reflexion ermöglicht es uns, unseren inneren Kompass zu finden und ihn gezielt für unsere persönliche und berufliche Resilienz einzusetzen. Wenn wir unsere Werte klar definiert haben, können sie uns in Krisenzeiten als Orientierung dienen. Es ist normal, dass wir in schwierigen Momenten das Gefühl haben, die Kontrolle zu verlieren oder uns unsicher über den richtigen Weg zu fühlen. Resiliente Menschen wenden sich in solchen Zeiten bewusst ihren Werten zu. Sie fragen sich: *Welche Entscheidung entspricht meinen Werten? Was würde ich in einer idealen Welt tun, wenn ich nicht von Angst oder Druck geleitet würde?* Diese Fragen helfen, auch in schwierigen Momenten nach den eigenen Überzeugungen zu handeln und nicht von äußeren Einflüssen überwältigt zu werden. Ein Beispiel könnte jemand sein, dessen persönlicher Wert die **Hilfsbereitschaft** ist. In einer Krise, in der viele Menschen um sich selbst kreisen und egoistisch handeln, wird dieser Wert der Person helfen, trotz allem einen Beitrag zur Gemeinschaft zu leisten. Indem sie anderen hilft, bleibt sie sich selbst treu und spürt die innere Stärke, die aus der Übereinstimmung von Überzeugung und Handlung entsteht. Diese Verbindung zwischen Werten und Verhalten stärkt die Resilienz, weil sie das Gefühl vermittelt, in schwierigen Zeiten das Richtige zu tun.

Es ist auch wichtig zu erkennen, dass persönliche Werte uns helfen können, mit schwierigen Entscheidungen umzugehen. In stressigen Phasen kann es vorkommen, dass wir uns zwischen mehreren Optionen entscheiden müssen, die alle nicht ideal erscheinen. Wenn wir uns unsicher fühlen oder von äußeren Umständen unter Druck gesetzt werden, kann der Rückgriff auf unsere Werte Klarheit schaffen. Resiliente Menschen nehmen sich in solchen Situationen die Zeit, ihre Entscheidungen durch den Filter ihrer Werte zu betrachten: *Welche Option bringt mich näher an das heran, was mir wirklich wichtig ist? Welche Entscheidung werde ich langfristig mit einem guten Gefühl vertreten können?* Diese innere Klarheit hilft, auch in Momenten von Unsicherheit und Stress klare und bewusste Entscheidungen zu treffen. Es kann auch vorkommen, dass äußere Einflüsse, wie gesellschaftliche Erwartungen oder der Druck von Kollegen und Freunden, uns von unseren Werten abbringen wollen. Resilienz bedeutet in diesem Zusammenhang, den Mut zu haben, zu seinen Werten zu stehen, selbst wenn es schwieriger ist oder Widerstände aufkommen. Menschen, die ihre Werte klar kennen und nach ihnen leben, entwickeln eine innere Stärke, die ihnen hilft, auch unter Druck authentisch zu bleiben. Sie sind weniger anfällig für äußere

Manipulationen oder kurzfristige Versuchungen, weil sie sich an ihrem inneren Kompass orientieren, der ihnen den Weg weist. Resilienz und persönliche Werte sind eng miteinander verknüpft, weil Werte uns helfen, die Bedeutung von Herausforderungen zu relativieren. Wenn wir wissen, was uns wirklich wichtig ist, können wir selbst in schwierigen Zeiten ein Gefühl der inneren Ruhe bewahren, weil wir darauf vertrauen, dass wir nach unseren Überzeugungen leben. Diese Klarheit gibt uns Kraft und Stabilität, selbst wenn äußere Umstände uns herausfordern. Menschen, die nach ihren Werten leben, fühlen sich oft zufriedener und erfüllter, weil sie das Gefühl haben, ein authentisches Leben zu führen, das im Einklang mit dem steht, was sie tief im Inneren als richtig empfinden.

Zusammengefasst bildet die Kenntnis der eigenen Werte den Kern der Resilienz. Sie dienen als innerer Kompass, der uns Orientierung und Halt gibt, wenn das Leben unvorhersehbar wird. Indem wir unsere Werte erkennen, definieren und nach ihnen leben, stärken wir unsere emotionale Widerstandskraft und schaffen eine Basis, die uns hilft, auch in schwierigen Zeiten authentisch und stark zu bleiben. Persönliche Werte geben unserem Leben Sinn und Richtung – und sie sind ein unschätzbares Werkzeug, um Resilienz zu entwickeln und zu bewahren.

Die 13 wichtigsten Tipps auf einen Blick

Resilienz ist eine Fähigkeit, die uns in allen Lebensbereichen zugutekommt. Sie hilft uns, mit Herausforderungen, Stress und Rückschlägen umzugehen, ohne dabei den Boden unter den Füßen zu verlieren. Doch Resilienz entsteht nicht von heute auf morgen. Sie ist ein Prozess, den wir kontinuierlich entwickeln und stärken können. Um dir einen schnellen Überblick zu geben, habe ich hier die 13 wichtigsten Tipps für mehr Resilienz im Alltag zusammengefasst. Diese praktischen Strategien helfen dir, stärker, gelassener und widerstandsfähiger zu werden.

1. **Finde deine persönlichen Werte**

   Deine Werte sind dein innerer Kompass. Wenn du weißt, was dir wirklich wichtig ist, kannst du auch in schwierigen Zeiten Entscheidungen treffen, die im Einklang mit deinen Überzeugungen stehen. Dies gibt dir Kraft und Klarheit in stressigen Momenten.

2. **Akzeptiere Veränderungen**

   Veränderungen gehören zum Leben. Anstatt gegen sie anzukämpfen, lerne, flexibel zu bleiben und dich an neue Gegebenheiten anzupassen. Das macht dich widerstandsfähiger gegenüber unvorhersehbaren Ereignissen.

3. **Pflege positive Beziehungen**

   Starke soziale Verbindungen geben dir Halt. Investiere Zeit in deine Beziehungen zu Familie, Freunden und Kollegen. Diese Menschen bieten emotionale Unterstützung, wenn du sie brauchst, und tragen zu deinem Wohlbefinden bei.

4. **Setze dir realistische Ziele**

   Es ist wichtig, sich herausfordernde, aber erreichbare Ziele zu setzen. Wenn du regelmäßig kleine Erfolge erzielst, stärkt das dein Selbstvertrauen und deine Widerstandskraft.

5. **Fokussiere dich auf das, was du kontrollieren kannst**

   Oftmals geraten wir in Stress, weil wir uns auf Dinge konzentrieren, die außerhalb unserer Kontrolle liegen. Lenke deine Energie auf das, was du aktiv beeinflussen kannst, und lass den Rest los.

6. **Nutze Humor, um Stress abzubauen**

   Lachen ist ein starkes Mittel gegen Stress. Versuche, auch in schwierigen Momenten den Humor zu bewahren. Ein Lächeln kann dir helfen, Abstand zu gewinnen und die Dinge aus einer anderen Perspektive zu betrachten.

7. **Kümmere dich um deine körperliche Gesundheit**

   Deine körperliche Gesundheit hat einen direkten Einfluss auf deine Resilienz. Achte auf regelmäßige Bewegung, eine gesunde Ernährung und ausreichend Schlaf. Ein gesunder Körper stärkt auch deinen Geist.

8. **Achte auf ausreichend Schlaf**

   Schlaf ist entscheidend für deine mentale und emotionale Regeneration. Wenn du gut schläfst, kannst du besser mit Stress umgehen und Herausforderungen klarer und ruhiger begegnen.

9. **Lerne, mit Rückschlägen umzugehen**

   Rückschläge sind unvermeidlich, aber es kommt darauf an, wie du damit umgehst. Betrachte Fehler und Misserfolge als Lernchancen. Aus jedem Rückschlag kannst du wertvolle Lektionen für die Zukunft ziehen.

10. **Pflege Achtsamkeit im Alltag**

    Achtsamkeit hilft dir, im Moment zu bleiben und deine Emotionen bewusst wahrzunehmen. Sie gibt dir die Möglichkeit, stressige Situationen mit mehr Gelassenheit zu bewältigen und dich auf das Hier und Jetzt zu konzentrieren.

11. Erkenne deine eigenen Stärken

Es ist wichtig, dass du deine Fähigkeiten und Stärken kennst. Sie geben dir Vertrauen in schwierigen Zeiten und erinnern dich daran, dass du bereits viele Herausforderungen erfolgreich gemeistert hast.

12. Fordere Unterstützung, wenn du sie brauchst

Niemand muss alles allein schaffen. Scheue dich nicht, in schwierigen Zeiten Unterstützung von anderen anzunehmen. Es zeugt von Stärke, um Hilfe zu bitten und sie anzunehmen.

13. Finde Sinn in deinen Herausforderungen

Eine der stärksten Quellen für Resilienz ist der Glaube, dass schwierige Zeiten einen Sinn haben können. Versuche, in jeder Herausforderung etwas Positives zu sehen oder eine Lektion zu finden, die dir hilft, zu wachsen.

Schlusswort: Ein Leben in Balance und Freude

Resilienz ist nicht nur die Fähigkeit, Krisen zu überstehen oder mit Stress umzugehen – sie ist der Schlüssel zu einem Leben, das von innerer Balance und tiefer Freude geprägt ist. Wenn wir lernen, mit den Herausforderungen des Alltags und den großen Lebenskrisen umzugehen, öffnen wir uns gleichzeitig der Möglichkeit, das Leben in all seinen Facetten zu genießen. Ein Leben in Balance bedeutet, dass wir uns selbst und unsere Bedürfnisse verstehen, dass wir wissen, wie wir unsere Energie einsetzen und wie wir den Fokus auf das legen, was uns wirklich wichtig ist. Freude entsteht oft nicht durch die Abwesenheit von Schwierigkeiten, sondern durch die Art und Weise, wie wir mit ihnen umgehen. Resilienz gibt uns die innere Stärke, trotz Unsicherheiten und Hindernissen den Blick für das Schöne und Wertvolle im Leben zu bewahren. Wenn wir uns bewusst für ein Leben entscheiden, das unseren Werten entspricht und in dem wir unsere emotionalen, körperlichen und mentalen Ressourcen pflegen, sind wir in der Lage, auch in schwierigen Zeiten Momente der Freude zu finden.

Balance bedeutet, auf uns selbst zu achten und unsere Energie zu schützen, ohne den Kontakt zu unserer

Umwelt zu verlieren. Es bedeutet, die Verantwortung für unser eigenes Wohlbefinden zu übernehmen und gleichzeitig offen für die Unterstützung anderer zu sein. In einem Leben, das von Balance geprägt ist, haben wir die Fähigkeit, flexibel zu bleiben, uns an Veränderungen anzupassen und uns selbst treu zu bleiben. Dabei ist es wichtig, dass wir uns nicht nur auf das Erreichen von Zielen konzentrieren, sondern auch den Weg dorthin genießen. Die Freude liegt oft in den kleinen Momenten, in den Augenblicken der Dankbarkeit, des Lachens und der Verbundenheit mit anderen. Ein resilienter Mensch erkennt, dass das Leben nicht perfekt ist, und das muss es auch nicht sein. Es gibt immer Höhen und Tiefen, Erfolge und Misserfolge, aber Resilienz hilft uns, auf Kurs zu bleiben, egal welche Herausforderungen uns begegnen. Wir lernen, mit Rückschlägen umzugehen, ohne unsere Lebensfreude zu verlieren. Es geht nicht darum, Schwierigkeiten zu ignorieren, sondern sie als Teil des Lebens anzunehmen und gestärkt daraus hervorzugehen.

Resilienz ist keine starre Fähigkeit, sondern eine dynamische Kraft, die wir stetig entwickeln und pflegen können. Mit jeder Herausforderung, die wir erfolgreich meistern, wächst unser Vertrauen in uns selbst und in unsere Fähigkeit, auch zukünftige Schwierigkeiten zu bewältigen. Und mit diesem Vertrauen wächst auch unsere Fähigkeit, das Leben in vollen Zügen zu genießen

– ohne Angst vor dem, was kommen könnte, sondern mit der Gewissheit, dass wir die Kraft haben, alles zu meistern, was das Leben für uns bereithält. Ein Leben in Balance und Freude ist ein Leben, in dem wir uns selbst erlauben, sowohl die Höhen als auch die Tiefen zu erleben, ohne uns von ihnen definieren zu lassen. Es ist ein Leben, in dem wir uns auf das konzentrieren, was uns wirklich glücklich macht, und in dem wir unsere Energie auf das richten, was uns erfüllt. Durch Resilienz schaffen wir die Grundlage für diese Balance – für ein Leben, das nicht nur aus Herausforderungen besteht, sondern vor allem aus der Fähigkeit, Freude, Zufriedenheit und innere Stärke zu finden.

Möge dieses Buch dir als Wegweiser dienen, um deine eigene Resilienz zu entdecken und zu stärken. Indem du die Prinzipien der Resilienz in deinen Alltag integrierst, kannst du nicht nur stressigen Zeiten gelassener entgegentreten, sondern auch die schönen Momente des Lebens voll und ganz auskosten. Ein Leben in Balance und Freude ist kein unerreichbares Ideal, sondern eine Reise, die du jeden Tag aufs Neue bewusst gestalten kannst. Ich wünsche dir auf diesem Weg viel Mut, innere Stärke und vor allem: Freude.

Bonus: Übungsheft zur Resilienz

Die Entwicklung von Resilienz ist ein fortlaufender Prozess, der täglich geübt und gestärkt werden kann. Die sieben Säulen der Resilienz – Selbstwahrnehmung, Selbstregulation, Optimismus, Lösungsorientierung, Selbstwirksamkeit, soziale Unterstützung und Zukunftsorientierung – bieten eine solide Grundlage, um auch in herausfordernden Zeiten widerstandsfähig zu bleiben. In diesem Bonuskapitel findest du praktische Übungen und Tipps, wie du jede dieser Säulen im Alltag trainieren kannst, um deine Resilienz nachhaltig zu stärken.

1. Selbstwahrnehmung – Bewusstsein für deine Stärken und Schwächen entwickeln

Selbstwahrnehmung ist die Fähigkeit, sich selbst klar und realistisch zu sehen, inklusive deiner Emotionen, Gedanken und Verhaltensweisen. Sie ist die Grundlage für ein tiefes Verständnis für deine Stärken und Schwächen.

Übung 1: Tagesreflexion

Nimm dir am Ende des Tages 10 Minuten Zeit, um deinen Tag zu reflektieren. Schreibe auf, was gut gelaufen ist und was nicht. Welche Emotionen hast du gespürt? Was hat sie ausgelöst? Diese Reflexion hilft dir, Muster in deinem Denken und Handeln zu erkennen und deine Selbstwahrnehmung zu schärfen.

Übung 2: Stärkenanalyse

Schreibe eine Liste deiner Stärken auf. Denke dabei an Situationen, in denen du deine Fähigkeiten unter Beweis gestellt hast. Wenn es dir schwerfällt, bitte Freunde oder Kollegen, dir ihre Sicht auf deine Stärken zu geben. Diese Übung hilft dir, Vertrauen in deine Fähigkeiten zu entwickeln.

2. **Selbstregulation – Deine Emotionen steuern lernen**

Selbstregulation ist die Fähigkeit, deine Emotionen zu kontrollieren und zu steuern, damit sie dir nicht im Weg stehen, sondern dich unterstützen.

Übung 1: Atemtechniken bei Stress

Wenn du dich in einer stressigen Situation befindest, halte inne und atme tief ein und aus. Zähle beim Einatmen bis vier, halte den Atem kurz an und atme dann für vier Sekunden aus. Wiederhole diese Übung mehrere Male, um deinen Stresspegel zu senken.

Übung 2: Emotionsprotokoll

Führe ein Protokoll über deine Emotionen. Jedes Mal, wenn du starke Gefühle wie Wut, Angst oder Freude verspürst, notiere sie und analysiere, was sie ausgelöst hat. Diese Übung hilft dir, deine Emotionen besser zu verstehen und gezielt zu regulieren.

3. **Optimismus – Die Kraft positiver Gedanken nutzen**

Optimismus ist eine der stärksten Säulen der Resilienz, weil er dir hilft, in schwierigen Situationen nach vorne zu schauen und das Beste zu erwarten.

Übung 1: Reframing

Nimm dir eine Situation, die dich frustriert oder verärgert, und versuche, sie aus einer positiven Perspektive zu betrachten. Stelle dir die Frage: *Was kann ich aus dieser Situation lernen? Welche neuen Möglichkeiten ergeben sich vielleicht?* Diese Übung hilft dir, die Dinge optimistischer zu sehen.

Übung 2: Dankbarkeitstagebuch

Schreibe jeden Tag drei Dinge auf, für die du dankbar bist. Sie können klein oder groß sein. Diese Übung trainiert deinen Blick für das Positive im Alltag und stärkt deinen Optimismus.

4. **Lösungsorientierung – Der Fokus auf das Machbare**

Lösungsorientierung bedeutet, dass du dich auf das konzentrierst, was du in einer schwierigen Situation konkret tun kannst, anstatt dich von Problemen überwältigen zu lassen.

Übung 1: Problemanalyse in drei Schritten

1. Was ist das genaue Problem?
2. Was kann ich direkt beeinflussen?
3. Welche ersten Schritte kann ich sofort unternehmen?
4. Diese einfache Struktur hilft dir, die Kontrolle zurückzugewinnen und das Problem in machbare Teile zu zerlegen.

Übung 2: Erfolgsvisualisierung

Stelle dir eine Herausforderung vor, die dir bevorsteht. Visualisiere Schritt für Schritt, wie du diese Aufgabe erfolgreich bewältigst. Male dir genau aus, wie es sich anfühlt, die Lösung zu finden. Diese Technik stärkt deinen Glauben daran, dass du Herausforderungen meistern kannst.

5. **Selbstwirksamkeit – Vertrauen in die eigene Kraft**

Selbstwirksamkeit bedeutet, dass du daran glaubst, durch deine eigenen Handlungen Dinge zum Positiven verändern zu können.

Übung 1: Erfolgsjournal

Schreibe jeden Abend auf, welche Herausforderungen du an diesem Tag gemeistert hast – egal, wie klein sie erscheinen. Überlege, wie du durch deine eigenen Fähigkeiten diese Erfolge erreicht hast. Dieses Journal erinnert dich an deine Stärke und baut dein Vertrauen in deine Selbstwirksamkeit auf.

Übung 2: Ziele in kleine Schritte unterteilen

Setze dir ein größeres Ziel und teile es in kleine, machbare Schritte auf. Notiere jeden Schritt, den du erreicht hast, und feiere deine Erfolge. Diese Übung zeigt dir, wie viel du durch kontinuierliche Anstrengung erreichen kannst.

6. Soziale Unterstützung – Die Kraft von Gemeinschaft und Beziehungen

Soziale Unterstützung ist eine der stärksten Ressourcen in Krisenzeiten. Sie hilft dir, emotionalen Rückhalt zu finden und dich in schwierigen Phasen nicht allein zu fühlen.

Übung 1: Beziehungspflege

Nimm dir jede Woche bewusst Zeit, um deine Beziehungen zu pflegen. Das kann ein Anruf, ein gemeinsames Essen oder eine Nachricht an einen alten Freund sein. Diese regelmäßige Pflege deiner sozialen Kontakte stärkt dein Netzwerk und gibt dir emotionalen Rückhalt.

Übung 2: Unterstützung annehmen

Wenn du in einer schwierigen Situation bist, bitte jemanden um Unterstützung, anstatt alles allein zu bewältigen. Sei offen für die Hilfe anderer und erkenne, dass es keine Schwäche ist, um Unterstützung zu bitten. Diese Übung fördert deine Fähigkeit, soziale Ressourcen zu nutzen.

7. **Zukunftsorientierung – Ziele setzen und motiviert bleiben**

Zukunftsorientierung bedeutet, dass du dich auf das konzentrierst, was du erreichen möchtest, und auch in schwierigen Zeiten an deinen Zielen festhältst.

Übung 1: Vision Board erstellen

Erstelle ein Vision Board mit Bildern, Zitaten und Symbolen, die deine Ziele und Träume darstellen. Platziere es an einem Ort, den du täglich siehst. Diese Visualisierung erinnert dich daran, was du erreichen möchtest, und hilft dir, motiviert zu bleiben.

Übung 2: Rückblick auf Erfolge

Schreibe über Erfolge, die du in der Vergangenheit erreicht hast, auch wenn sie klein sind. Analysiere, wie du sie erreicht hast und wie du Hindernisse überwunden hast. Dieser Rückblick stärkt dein Vertrauen in deine Fähigkeit, auch zukünftige Ziele zu erreichen.

Fazit: Resilienz im Alltag üben

Die Resilienz zu stärken ist ein kontinuierlicher Prozess, den du in deinen Alltag integrieren kannst. Mit diesen Übungen hast du die Werkzeuge, um die sieben Säulen der Resilienz zu trainieren und so dein emotionales, mentales und körperliches Wohlbefinden zu verbessern. Indem du diese Prinzipien Schritt für Schritt in deinem Leben anwendest, wirst du feststellen, dass du nicht nur widerstandsfähiger gegenüber den Herausforderungen des Lebens wirst, sondern auch ein erfüllteres, ausgewogeneres und glücklicheres Leben führst.

In eigener Sache

Abschließend möchte ich mich bei Ihnen bedanken. Ich hoffe, dass Sie mit meinem Ratgeber viel Freude hatten. Gerade als neuer Autor sind Produktbewertungen sehr wichtig, um weitere Leser zu finden und sich selbst weiterzuentwickeln. Aus diesem Grund würde ich mich über eine Rezension von Ihnen auf Amazon freuen. Sie wären mir damit eine große Hilfe und ich wäre Ihnen sehr dankbar dafür.

Gerne möchte ich Ihnen auch anbieten, mich persönlich bei Fragen per E-Mail zu kontaktieren:

Gagou.Writer@gmx.de

Wenn Sie also Fragen zu diesem Buch haben, etwas unverständlich war oder Sie mir Tipps für die Verbesserung geben möchtest, können Sie mich jederzeit gerne kontaktieren.

Ich würde mich sehr freuen von Ihnen zu hören und wünsche Ihnen mit der Umsetzung dieses Buches viel Spaß und Erfolg.

Herzliche Grüße,

Ihr Markus Huderer

Haftungsausschluss

Die Umsetzung aller enthaltenen Informationen, Anleitungen und Strategien dieses Buchs erfolgt auf eigenes Risiko. Für etwaige Schäden jeglicher Art kann der Autor aus keinem Rechtsgrund eine Haftung übernehmen. Für Schäden materieller oder ideeller Art, die durch die Nutzung oder Nichtnutzung der Informationen bzw. durch die Nutzung fehlerhafter und/oder unvollständiger Informationen verursacht wurden, sind Haftungsansprüche gegen den Autor grundsätzlich ausgeschlossen. Ausgeschlossen sind daher auch jegliche Rechts- und Schadensersatzansprüche. Dieses Werk wurde mit größter Sorgfalt nach bestem Wissen und Gewissen erarbeitet und niedergeschrieben. Für die Aktualität, Vollständigkeit und Qualität der Informationen übernimmt der Autor jedoch keinerlei Gewähr. Auch können Druckfehler und Falschinformationen nicht vollständig ausgeschlossen werden. Für fehlerhafte Angaben vom Autor kann keine juristische Verantwortung sowie Haftung in irgendeiner Form übernommen werden.

Urheberrecht

Impressum:

1. Auflage

Kontakt: Markus Huderer c/o AutorenServices.de, Birkenallee 24, 36037 Fulda

Literaturverzeichnis

Bandura, A. (1997). *Self-Efficacy: The Exercise of Control.* W.H. Freeman and Company.

Ein grundlegendes Werk zur Selbstwirksamkeit und ihrer Rolle in der psychologischen Forschung, das zeigt, wie der Glaube an die eigene Fähigkeit, Aufgaben zu bewältigen, die Resilienz stärkt.

Bonanno, G. A. (2004). Loss, Trauma, and Human Resilience: Have We Underestimated the Human Capacity to Thrive After Extremely Aversive Events? *American Psychologist*, 59(1), 20-28.

Dieses Werk untersucht, wie Menschen trotz extremer Belastungen ihre Widerstandskraft bewahren und nach traumatischen Erlebnissen wachsen können.

Fredrickson, B. L. (2001). The Role of Positive Emotions in Positive Psychology: The Broaden-and-Build Theory of Positive Emotions. *American Psychologist*, 56(3), 218-226.

Fredrickson beschreibt, wie positive Emotionen eine entscheidende Rolle bei der Entwicklung von Resilienz spielen und die Fähigkeit verbessern, in stressigen Situationen kreative Lösungen zu finden.

Gross, J. J. (1998). The Emerging Field of Emotion Regulation: An Integrative Review. *Review of General Psychology*, 2(3), 271-299.

Eine grundlegende Arbeit zur Emotionsregulation, die erklärt, wie Menschen ihre Emotionen bewusst steuern können, um Resilienz in stressigen Situationen zu fördern.

Luthar, S. S., Cicchetti, D., & Becker, B. (2000). The Construct of Resilience: A Critical Evaluation and Guidelines for Future Work. *Child Development*, 71(3), 543-562.

Dieses Werk bietet einen umfassenden Überblick über die Definition von Resilienz, ihre theoretischen Grundlagen und wie sie in der psychologischen Forschung verstanden wird.

Masten, A. S. (2001). Ordinary Magic: Resilience Processes in Development. *American Psychologist*, 56(3), 227-238.

Masten beschreibt, wie Resilienz keine außergewöhnliche Eigenschaft ist, sondern eine normale menschliche Fähigkeit, die in jedem Menschen entwickelt werden kann.

Neff, K. D. (2003). The Development and Validation of a Scale to Measure Self-Compassion. *Self and Identity*, 2(3), 223-250.

Neffs Forschung zur Selbstmitgefühl zeigt, wie wichtig es ist, eine freundliche und mitfühlende Haltung gegenüber sich selbst zu entwickeln, um Resilienz aufzubauen.

Seligman, M. E. P. (2011). *Flourish: A Visionary New Understanding of Happiness and Well-being.* Free Press.

Seligmans Werk über positive Psychologie bietet Einblicke in die Bedeutung von Optimismus und Wohlbefinden als zentrale Elemente der Resilienz.

Siegel, D. J. (2010). *The Mindful Brain: Reflection and Attunement in the Cultivation of Well-Being.* W.W. Norton & Company.

Siegel erklärt, wie Achtsamkeit und emotionale Selbstregulation zur Entwicklung von Resilienz beitragen und das Wohlbefinden fördern.

Southwick, S. M., & Charney, D. S. (2012). *Resilience: The Science of Mastering Life's Greatest Challenges.* Cambridge University Press.

Dieses Buch beschreibt wissenschaftlich fundierte Strategien, wie Menschen Resilienz aufbauen und Herausforderungen erfolgreich meistern können.

Werner, E. E., & Smith, R. S. (1992). *Overcoming the Odds: High Risk Children from Birth to Adulthood.* Cornell University Press.

Die Langzeitstudie von Werner und Smith zeigt auf, wie Kinder aus schwierigen Verhältnissen Resilienz entwickeln und erfolgreich durchs Leben gehen können.

Wolin, S. J., & Wolin, S. (1993). *The Resilient Self: How Survivors of Troubled Families Rise Above Adversity.* Villard.

Ein wichtiges Werk, das beschreibt, wie Menschen aus belasteten familiären Verhältnissen Resilienz aufbauen und ein erfülltes Leben führen können.